POUR UN FASCISME THOMISTE

DU MÊME AUTEUR :

• *Catholique et fasciste toujours* (préface de Florian ROUANET), Reconquista Press, 2019.
• *L'Esprit de droite : Analyse morale et politique*, Reconquista Press, 2020.

Louis Le Carpentier

Préface de l'abbé Thomas A.

POUR UN FASCISME THOMISTE

Commentaire de *La Doctrine du fascisme* de Benito Mussolini

Reconquista Press

Couverture : Benito Mussolini et le cardinal Pietro Gasparri,
secrétaire d'État du pape Pie XI, lors de la signature des accords du
Latran le 11 février 1929.

© 2019 Reconquista Press
www.reconquistapress.com

ISBN 978-1-912853-13-7

« C'est à cela que doit par-dessus tout s'appliquer
celui qui dirige la collectivité humaine :
procurer l'unité »
saint Thomas d'Aquin, *De Regno*.

« Le fascisme n'est pas une tactique — la violence — ;
c'est une idée : l'unité »
José Antonio Primo de Rivera,
Textos de doctrina política.

PRÉFACE

Pour un fascisme thomiste. Titre osé, s'il en est, mais qui a le mérite, en choquant, d'attirer le regard, et, espérons-le, l'intelligence.

À une époque où tous les discours et les écrits sont aseptisés par la pensée unique, servante du mondialisme judaïsant, dans un contexte où les plus hautes autorités apparentes de l'Église se font les esclaves de cette uniformisation mortifère pour la foi et l'intelligence, au moment où même les mouvements religieux traditionalistes ou traditionalisants abandonnent la sphère politique et courbent lâchement et craintivement la tête devant le légalisme et le positivisme juridique, ce livre est plus que le bienvenu.

À rebours des sirènes anglo-américaines omniprésentes depuis bientôt un siècle dans la sphère européenne et politique, l'auteur ne craint pas d'exhumer des textes honnis de la pensée unique pour les analyser sous le regard de saint Thomas d'Aquin, Docteur universel, d'Aristote, le Philosophe, ou encore d'auteurs parfaitement orthodoxes en même temps que catholiques et plus proches de nous dans le temps, tels le père Louis Lachance, O.P., ou l'abbé Julio Meinvielle.

Certes, Mussolini avait ses défauts et ses limites, cela ne fait aucun doute. Mais il faut aussi considérer que le domaine de la politique a un côté inextricablement contingent que les faits historiques ne peuvent démentir. C'est alors que les passions humaines, les susceptibilités des autorités entre elles rendent les analyses spéculatives plus difficiles et parfois moins objectives.

C'est donc un véritable recul sur soi qu'il faut savoir prendre avant d'ouvrir cette étude. Car il ne faudrait pas oublier que Pie XI, tout autoritariste qu'il fût, a dit à propos de Mussolini à l'issue des accords du Latran qu'il était « l'homme de la Providence ». Ce n'est pas peu dire. Il suffit d'ailleurs, loin des préjugés humains, de regarder le bien économique, social, familial et politique réalisé dans l'Italie d'avant la Seconde Guerre. Ce bien, l'Italie le doit non seulement à un homme mais aussi à un programme. Mieux encore. Elle le doit à une doctrine, une conception politique : le fascisme.

L'ouvrage présent livre cette conception politique d'abord en donnant les textes de ses théoriciens puis en les commentant. C'est alors que le lecteur assidu et persévérant comprendra que si Mussolini n'était pas thomiste au sens où on pourrait le dire aujourd'hui de quelqu'un qui a bu à la source des écrits de saint Thomas, la pensée du Duce n'en reste pas moins ancrée dans les principes naturels les plus sains, tels qu'Aristote et Thomas d'Aquin les ont relevés et commentés. Le réalisme de Mussolini livre ici en filigrane les concepts de la philosophie pérenne, concepts que le lecteur retrouvera épars et que l'auteur a eu le mérite de mettre en relief.

Conséquence inéluctable de ce réalisme politique, la vraie dignité de l'homme est remise en honneur. Non point la dignité humaine que prônent les modernistes de tout crin. Il s'agit pour l'homme fort de l'Italie de mettre la dignité à l'achèvement de la vie vertueuse. On pourrait ainsi paraphraser Maurras :

« La dignité de l'homme (Maurras dit ici la liberté) n'est pas au commencement, mais à la fin. Elle n'est pas à la racine, mais aux fleurs et aux fruits de la nature humaine ou pour mieux dire de la vertu humaine. On est plus digne (Maurras dit libre) à proportion qu'on est meilleur » (*Au signe de Flore*).

Nova et vetera, disait Notre-Seigneur : « Tout scribe devenu disciple du royaume des Cieux est comparable à un maître de maison qui tire de son trésor du neuf et de l'ancien » (Matthieu,

13, 52). Ainsi en va la politique qui tout en gardant de sains principes conformes à l'ordre naturel sait aussi s'adapter aux circonstances historiques, géographiques et autres afin de maintenir l'identité de sa nation.

Puisse donc ce livre qui paraît pour le 90ᵉ anniversaire des accords du Latran (11 février 1929) ouvrir les yeux de nombreux catholiques et les motiver à une efficacité politique et pratique qui fera oublier la génération veule et lâche de ces catholiques qui vivent dans leur égoïsme spirituel et confortable mais pharisaïque.

Thomas A.
Prêtre

INTRODUCTION

Notre but n'est nullement de faire de saint Thomas un fasciste. D'abord, parce que cela relèverait de l'anachronisme pur. Ensuite, parce que nous avons bien trop de respect à l'égard du Docteur angélique pour lui faire dire ce qu'il n'a pas dit ; nous laissons ce genre de forfaitures aux spécialistes de la magouille intellectuelle.

Notre but n'est pas non plus de faire de Benito Mussolini, ni même de Giovanni Gentile — philosophe officiel du fascisme, et auteur de la première partie de *La Doctrine du fascisme* de Mussolini — de fervents thomistes. Ce serait en effet, là aussi, quelque peu malhonnête : ni le Duce ni son philosophe n'ont eu de formation spécifiquement thomiste, et l'on voit mal comment des individus qui n'ont pas étudié un penseur pourraient s'en inspirer.

En revanche, nous croyons que la doctrine du fascisme est *conforme*, ou du moins *potentiellement conforme*, aux enseignements du Docteur commun, et plus généralement à la philosophie politique *réaliste* ; à cette philosophie politique fondée par Aristote, développée par saint Thomas, et approfondie au XXe siècle par des thomistes fidèles à l'esprit du Maître, tels que l'abbé Julio Meinvielle, Charles De Koninck ou encore le Père Louis Lachance.

Autorité du Chef, organicité du Tout, économie corporative, primauté du Bien commun sur les biens particuliers, usage de la force lorsqu'il est nécessaire — c'est-à-dire nécessaire à la préservation ou à l'avènement du Bien commun —, rôle pré-pondérant de l'État : voilà autant d'éléments que l'on retrouve aussi bien dans la philosophie politique du thomisme intègre que dans la doctrine du fascisme, et qui nous amènent donc à penser qu'il est possible — en toute honnêteté — d'être à la fois thomiste et fasciste.

Puisse le présent travail, qui ne consiste en rien d'autre qu'un commentaire libre de *La Doctrine du fascisme* de Mussolini à la lumière des principes de la philosophie réaliste, montrer le bien-fondé de cette position.

Chapitre premier

IDÉES FONDAMENTALES

(Giovanni Gentile)

1. Le fascisme comme philosophie

Comme toute saine conception politique, le fascisme associe la pensée à l'action. C'est une action animée par une doctrine. Cette doctrine est née d'un système donné de forces historiques, auquel elle reste intimement liée et qui reçoit d'elle son impulsion intérieure. Il a donc une forme correspondant aux contingences de lieu et de temps, mais il a en même temps un contenu idéal qui l'élève au rang de vérité supérieure dans l'histoire de la pensée.

On ne saurait agir spirituellement sur le monde, en tant que volonté humaine dominant d'autres volontés, sans une conception de la réalité passagère et particulière sur laquelle il faut agir, et de cette autre réalité permanente et universelle à laquelle la première emprunte son être et sa vie. Pour connaître les hommes il faut connaître l'homme, il faut connaître la réalité et ses lois. Il n'y a pas de conception de l'État qui ne soit dans le fond une conception de la vie. C'est une philosophie ou une intuition, un système d'idées qui se traduit dans une construction logique ou qui se résume dans une vision ou dans une doctrine, mais c'est toujours, au moins virtuellement, une conception organique du monde.

« Comme toute saine conception politique, le fascisme associe la pensée à l'action. C'est une action animée par une doctrine. »

Toute politique est une métaphysique en acte. L'agir suit la pensée. Car tout acte de la volonté libre procède de l'intelligence. Même le moins philosophe des hommes politiques agit avec une philosophie dans l'esprit, sinon une philosophie spéculative, à tout le moins une philosophie pratique, une éthique, une philosophie de vie, qui correspond elle-même à une certaine vision du monde.

De sorte que le fascisme, considéré comme réalisation politique, est « animé » par une doctrine ; animé, c'est-à-dire à la fois amené à l'existence et gouverné en vue d'une fin, comme l'âme donne la vie au corps et le dirige dans son agir.

On voit ici que le fascisme n'est pas sceptique, mais qu'il est bien au contraire **intellectualiste**.

★

« Cette doctrine est née d'un système donné de forces historiques, auquel elle reste intimement liée et qui reçoit d'elle son impulsion intérieure. Il a donc une forme correspondant aux contingences de lieu et de temps, mais il a en même temps un contenu idéal qui l'élève au rang de vérité supérieure dans l'histoire de la pensée. »

Le fascisme, bien qu'il soit avant tout une doctrine — donc par soi quelque chose d'intemporel —, s'est incarné dans le temps, dans l'histoire, en tant que réalisation concrète ; il s'est incarné par accident (*quod accidit* : ce qui arrive) au XXe siècle, parce que toutes les conditions circonstancielles étaient alors réunies pour qu'il s'incarnât.

Et il s'est en outre incarné dans un pays donné, l'Italie, puis dans un autre, l'Allemagne — quoique le national-socialisme ait été une forme bien particulière de fascisme —, parce que ces deux pays furent, historiquement, ceux qui lui offrirent les meilleures conditions de genèse.

Le fascisme a en effet vocation à s'adapter aux circonstances de temps et de lieu, aux époques et aux pays, car, comme toute saine conception politique, il prend en compte la réalité contingente. Le fascisme n'est pas une idéologie, mais il est au contraire — en ce sens — **pragmatique**.

« Il ne faut pas exiger "une certitude identique en toutes choses", dit Aristote. Par conséquent, dans les choses contingentes, telles que les réalisations naturelles ou les activités humaines, il suffit d'une certitude telle qu'on atteigne le vrai dans la plupart des cas, malgré quelques exceptions possibles » (saint Thomas, *Somme théologique*, I-II, 96, 1).

En termes aristotéliciens, nous dirons que le fascisme est une forme universelle d'État, ou de régime politique, **appelée à être individuée par les différentes matières nationales, et en fonction des circonstances historiques données.**

Et cependant, il n'en demeure pas moins, fondamentalement, un système, ou une doctrine, en tant qu'il intègre tout ce qui, dans la chose politique, relève de la nécessité, c'est-à-dire tout ce qui ne peut pas ne pas être, et qui est donc vrai toujours et partout ; il contient « un contenu idéal, qui l'élève au rang de vérité supérieure dans l'histoire de la pensée ».

Aussi le fascisme, quoique pragmatique, n'en demeure pas moins intellectualiste.

Ni sceptique, ni idéologue, mais intellectualiste et pragmatique : le fascisme est tout simplement **réaliste**. Or, c'est précisément la position doctrinale et politique du Docteur angélique.

★

« On ne saurait agir spirituellement sur le monde, en tant que volonté humaine dominant d'autres volontés, sans une conception de la réalité passagère et particulière sur laquelle il faut agir, et de cette autre réalité permanente et universelle à laquelle la première emprunte son être et sa vie. Pour connaître les hommes il faut connaître l'homme, il faut connaître la réalité et ses lois. »

Le gouvernement de la chose politique consiste, concrètement, à gouverner des hommes, des volontés libres.

Et un tel gouvernement doit se faire avec intelligence, c'est-à-dire en connaissance de cause. Il doit donc prendre en compte à la fois « la réalité passagère et particulière », c'est-à-dire les circonstances concrètes de temps et de lieu avec lesquelles il doit composer pour agir ; et « la réalité permanente et universelle », c'est-à-dire les principes (ou lois) de la réalité, ainsi que les essences (ou natures) des choses.

Le fascisme croit en particulier en l'existence d'une nature humaine, à laquelle chaque homme a le devoir de se conformer ; et il veut connaître cette nature, puisque c'est sur des hommes qu'un gouvernement politique agit, et que pour agir sur quelque chose on doit en connaître l'essence : « Pour connaître *les hommes* il faut connaître *l'homme.* »

Le fascisme, loin de vouloir « créer un homme nouveau », comme on a souvent pu le dire — à tort —, veut au contraire que les hommes conforment leurs actes, tant à l'échelle individuelle qu'à l'échelle collective, à l'Idée d'homme (ou *ratio aeterna humani* en termes scolastiques) qui s'impose à eux, c'est-à-dire à la nature humaine en tant qu'elle est appréhendée par l'intelligence.

Et l'idéal auquel aspire le fascisme n'est rien d'autre que cette Idée, en tant que les hommes doivent y tendre dans leur agir.

On voit, encore ici, le **réalisme** foncier du fascisme.

★

« Il n'y a pas de conception de l'État qui ne soit dans le fond une conception de la vie. C'est une philosophie ou une intuition, un système d'idées qui se traduit dans une construction logique ou qui se résume dans une vision ou dans une doctrine, mais c'est toujours, au moins virtuellement, une conception organique du monde. »

Il n'y a pas de conception de l'État, c'est-à-dire de **philosophie politique**, qui ne soit au fond une conception de la vie en général, et de la vie humaine en particulier, c'est-à-dire une **psychologie** (au sens classique du terme : *logos*, la science ; *psyché*, le principe de vie, l'âme) ou une **anthropologie**.

Le fascisme est donc certes un « système d'idées » ; mais ce système ne se fonde pas sur des *a priori* ; il se fonde au contraire sur une observation attentive de la vie humaine, de sa nature, de ses lois, de ses modalités d'être et d'agir.

Le fascisme veut que la vie collective corresponde à la vie individuelle, que l'âme humaine soit pour ainsi dire le paradigme de la Cité. Par exemple, l'âme est tripartite, de sorte qu'il existe également une « tripartité » dans l'ordre politique (cf. : Cicéron, *La République*). L'âme individuelle comprend en effet la raison, l'irascible et le concupiscible (saint Thomas, *Supp.*, 96, 10) ; de même, la Cité comprend normalement trois ordres : l'ordre de ceux qui contemplent (hommes de sciences, philosophes, prêtres), l'ordre de ceux qui agissent (gouvernants, magistrats, guerriers), et l'ordre de ceux qui font (paysans, ouvriers, et plus généralement tous ceux qui travaillent la matière).

Le fascisme ne cherche pas à « créer » une Cité utopique — comme le voudraient les socialistes —, mais à **refonder une Cité conforme à la nature humaine, au réel**.

2. Conception spiritualiste

Aussi bien ne comprendrait-on pas le fascisme dans beaucoup de ses manifestations pratiques, soit comme organisation de parti, soit comme système d'éducation, soit comme discipline, si on ne le considérait en fonction de sa conception générale de la vie. **Cette conception est spiritualiste. Pour le fascisme, le monde n'est pas ce monde matériel qui apparaît à la surface, où l'homme est un individu isolé de tous les autres, existant en soi et gouverné par une loi naturelle qui, instinctivement, le pousse à vivre une vie de plaisir égoïste et momentané. Dans ce qu'on appelle l'homme, le fascisme considère la nation et la patrie, les individus et les générations se trouvant unis, dans une même tradition et dans une même mission, par une loi morale qui supprime l'instinct de la vie maintenu dans le cercle étroit du plaisir, pour instaurer dans le devoir une vie supérieure, libérée des limites du temps et de l'espace : une vie où l'individu, par l'abnégation de lui-même, par le sacrifice de ses intérêts particuliers, par la mort même, réalise cette existence toute spirituelle qui fait sa valeur d'homme.**

« Cette conception [de la vie] est spiritualiste. »

Voilà qui risque de gêner nos bons conservateurs, qui renvoient dos à dos le fascisme et le communisme, en affirmant que ces deux mouvements ne seraient au fond que les deux visages du matérialisme.

Non, le fascisme ne fut pas matérialiste, mais bien au contraire spiritualiste.

Le fascisme, ce fut pour ainsi dire l'intuition, à une époque où la plupart des doctrines assimilaient le bonheur à un bien-être corporel ou matériel, que l'entéléchie de la vie humaine se trouvait au contraire dans la domination de l'esprit sur le corps et la matière, dans le dépassement de soi, dans le service d'un idéal, et même dans la mort.

★

« Pour le fascisme, le monde n'est pas ce monde matériel qui apparaît à la surface, où l'homme est un individu isolé de tous les autres, existant en soi et gouverné par une loi naturelle qui, instinctivement, le pousse à vivre une vie de plaisir égoïste et momentané. »

Cela ne veut pas dire que le fascisme nie la matière ; mais simplement qu'il ne la considère pas comme l'*essence* de la réalité ; qu'il reconnaît — en tout cas implicitement — l'existence de formes en général, et de formes spirituelles en particulier.

De sorte que, pour le fasciste, l'homme ne se réduit pas à un animal, c'est-à-dire à un individu purement matériel, sans relation avec les autres, et destiné à une vie de plaisir.

★

Mais l'homme, dans une perspective fasciste, est au contraire un être fondamentalement spirituel, fait pour entrer en relation avec les êtres qui partagent la même nature, et en particulier avec ceux qui font partie de la même communauté politique, dans l'amitié, l'abnégation et le don de soi.

« Dans ce qu'on appelle l'homme, le fascisme considère la nation et la **patrie**, les individus et les générations se trouvant unis, dans une même **tradition** et dans une même **mission**, par une **loi morale** qui supprime l'instinct de la vie maintenu dans le cercle étroit du plaisir, pour instaurer dans le **devoir** une vie supérieure, libérée des limites du temps et de l'espace : une vie où l'individu, par l'**abnégation** de lui-même, par le **sacrifice** de ses intérêts particuliers, par la mort même, réalise cette **existence toute spirituelle** qui fait sa valeur d'homme. »

Certaines personnes un peu titilleuses objecteront peut-être qu'il n'est fait ici aucune mention explicite de l'âme spirituelle de l'homme, de son esprit.

Ce à quoi nous répondrons qu'il est impossible de parler de « tradition », de « mission », de « loi morale », de « devoir »,

d'« abnégation », de « sacrifice », d'« existence toute spirituelle », et même de « patrie » — la patrie étant avant tout une
idée —, si l'on ne considère pas l'homme comme un être spirituel, c'est-à-dire possédant un esprit ; car aucune de ces choses
ne saurait convenir à un être purement matériel, à un animal.

★

« Une vie où l'individu, par l'abnégation de lui-même, par le
sacrifice de ses intérêts particuliers, **par la mort même, réalise
cette existence toute spirituelle qui fait sa valeur d'homme.** »
Gentile affirme ici que l'homme réalise sa nature spirituelle
par la mort. Voilà qui est intéressant.
La mort, chez l'être humain, c'est la séparation du corps et
de l'esprit. Or la mort est une chose naturelle, puisque le corps
est matériel, et qu'il est de la nature de toute substance matérielle de se corrompre. De sorte que l'homme est naturellement
appelé à mourir ; et, dans la mesure où la nature ne fait rien en
vain, il faut dire que la mort ne peut être pour lui qu'une chose
bonne et désirable : par la mort, l'homme réalise sa nature spirituelle, atteint son entéléchie d'esprit — qui, en tant qu'imma-
tériel, est par nature incorruptible.
Certains objecteront peut-être que la corruption du corps est
une conséquence du péché originel, par-là qu'elle n'est pas
naturelle, puisque saint Paul dit : « Par le péché, la mort est
entrée dans le monde » (Romains, 5, 2).
Mais il faut répondre avec saint Thomas qu'elle n'en est pas
une conséquence *per se* (comme la malice), mais une conséquence *per accidens* ; c'est-à-dire que ce n'est pas la mort en tant
que telle qui est une conséquence du péché originel, mais la sup-
pression du don préternaturel d'immortalité — don par définition gratuit. Dans un état de pure nature, même non peccamineux, l'homme aurait connu la mort.
Voici ce que dit le Docteur angélique à propos de l'état d'innocence du premier homme : « Son corps n'était pas à l'abri de
la dissolution par une vertu d'immortalité existant en lui ; c'est

l'âme qui possédait une force surnaturelle, donnée par Dieu, grâce à laquelle elle pouvait préserver le corps de toute corruption. [...] **Cette force que possédait l'âme pour préserver le corps de la corruption ne lui était pas naturelle ; c'était un don de la grâce** » (saint Thomas, *Somme théologique*, I, 97, 1).

Aussi la mort est-elle, pour l'homme, une chose naturelle et bonne.

D'autres objecteront que l'état de l'âme séparée du corps est moins parfait que l'état de l'âme unie au corps, et donc indésirable, puisque l'homme est « un composé de matière et de forme » (*ibid.*, I, 76, 1).

Mais là encore, il y a une réelle méprise. En effet, « une réalité naturelle tient son essence de sa forme » (*ibid.*, I-II, 18, 2) ; or la forme de l'homme, c'est son esprit ; de sorte que **la nature de l'homme est essentiellement spirituelle**. Mais la fin d'une chose est celle qui correspond à sa nature, de sorte qu'une chose n'atteint sa finalité, ou son entéléchie, que lorsqu'elle réalise parfaitement son opération propre, c'est-à-dire l'opération qui relève de sa nature ; par conséquent, l'homme, qui est essentiellement esprit, atteint sa finalité lorsque son acte d'intellection est le plus parfait : « **La béatitude est la perfection de l'âme du côté de l'intellect** » (*ibid.*, I-II, 4, 5).

Or, il est clair que l'acte d'intellection est plus parfait chez l'âme séparée du corps que chez l'âme unie au corps : « **connaître par recours aux intelligibles est plus noble absolument que connaître par recours aux images** » (*ibid.*, I, 89, 1) ; c'est donc dans l'état post-mortem d'âme séparée que l'homme atteint son entéléchie naturelle. Et il faut donc dire que, s'il est dans la nature de l'homme d'être en ce monde un composé de matière et de forme, il est aussi dans sa nature de devenir forme pure — puisqu'il lui est naturel de mourir, et meilleur d'être séparé de la matière pour connaître — comme le sont les substances naturellement séparées.

« **La béatitude parfaite de l'homme ne peut dépendre du corps** » (*ibid.*, I-II, 4, 5). De sorte que la résurrection des corps à laquelle croient les catholiques est absolument gratuite, et qu'après cette résurrection le corps uni à l'esprit sera tout spirituel : « La parfaite béatitude, qui consiste dans la vision de Dieu, est le fait ou bien d'une âme sans corps, ou bien d'une âme unie à un corps non plus animal, mais spirituel » (*ibid.*, I-II, 4, 7).

★

Si toutes ces choses ne sont pas dites explicitement par Gentile, on peut cependant penser qu'il en a eu l'intuition — certes confuse, mais bien réelle —, et que ce qu'il dit de manière explicite a en fait été déduit de cette intuition. Le fascisme contient, au moins virtuellement, la croyance en une vocation transcendante de l'homme, c'est-à-dire en une vie de l'esprit après la mort.

On voit ici que le fascisme pris en tant que tel est *conforme*, ou du moins *potentiellement conforme*, à la Religion catholique.

3. Conception positive de la vie comme lutte

Nous avons là une conception spiritualiste, née de la réaction générale du siècle présent contre le positivisme matérialiste et dégénéré du XIXe siècle. **Une telle conception est antipositiviste, mais positive : ni sceptique, ni agnostique, ni pessimiste, ni passivement optimiste, comme le sont généralement les doctrines (toutes négatives) qui placent le centre de la vie en dehors de l'homme qui, par sa libre volonté, peut et doit créer son monde.** *Le fascisme veut que l'homme soit actif et engagé dans l'action avec toutes ses énergies.* **Virilement conscient des difficultés réelles et prêt à les braver, il conçoit la vie comme une lutte, il estime qu'il appartient à l'homme de conquérir une vie vraiment digne de lui,** *en créant, avant tout, en lui-même, l'instrument (physique, moral, intellectuel) pour la construire. Et cela est vrai pour l'individu lui-même, pour la nation et pour l'humanité.*

D'où la haute valeur de la culture sous toutes ses formes (art, religion, science) et la très grande importance de l'éducation. D'où, également, la valeur essentielle du travail, par quoi l'homme triomphe de la nature et crée le monde humain (économique, politique, moral, intellectuel).

« Une telle conception est antipositiviste, mais positive : ni sceptique, ni agnostique, ni pessimiste, ni passivement optimiste, comme le sont généralement les doctrines (toutes négatives) qui placent le centre de la vie en dehors de l'homme qui, par sa libre volonté, peut et doit créer son monde. »

On voit que le fascisme est une saine réaction à toutes les doctrines dégénérées du XIXe siècle.

Le fascisme réaffirme la véritable nature de l'homme, qui est raison, c'est-à-dire intelligence et volonté ; et il réaffirme que l'intelligence est capable de connaître le réel, et que la volonté est véritablement libre, de sorte que l'homme est appelé à gouverner sa vie.

Créer son monde, c'est-à-dire créer un monde humain, par le travail sur la matière, la transformation de cette dernière en chose utile au bien de l'homme. La matière, dans une perspective fasciste, doit pour ainsi dire être « spiritualisée », afin de se conformer à la nature spirituelle de l'homme.

★

« Virilement conscient des difficultés réelles et prêt à les braver, [le fascisme] conçoit la vie comme une lutte. »

Puisque le bonheur ou l'entéléchie de l'homme consiste par nature dans l'état de l'âme séparée du corps, la vie terrestre n'est qu'une épreuve, ou une suite d'épreuves, à braver courageusement afin de pouvoir accéder au repos de l'âme. De sorte que le fascisme considère la vie, du côté de l'homme, comme une lutte.

Et cela est conforme à l'enseignement de la Bible : « **La vie de l'homme sur terre est celle d'un soldat** » (Job, 7, 1).

Dans le fascisme, la vie animale est déjà une lutte, où règne la loi du plus fort :

« Certains disent que les animaux qui maintenant sont féroces et tuent d'autres animaux auraient été dans cet état [*dans l'état de nature*], pacifiques, et avec l'homme, et avec les autres animaux. Mais cela est tout à fait déraisonnable. En effet, **la nature des animaux n'a pas été changée par le péché de l'homme** de telle manière que ceux qui, maintenant, par nature, mangent la chair d'autres animaux, comme les lions ou les faucons, eussent alors été herbivores. [...] Par conséquent, **la lutte eût été naturelle entre les animaux** » (saint Thomas, *Somme théologique*, I, 96, 1).

Or, l'homme étant un animal, cette lutte qui existe naturellement entre les animaux existe aussi entre les hommes eux-mêmes, tant à l'échelle individuelle (confrontations) qu'à l'échelle collective (guerres).

Cependant, puisque l'homme est animal raisonnable, il faut concéder que la lutte qu'il y a parmi les hommes a vocation à être rationalisée.

De plus, la vie proprement humaine comporte une autre lutte nécessaire, bien supérieure à la première, qui est la lutte contre soi-même, c'est-à-dire contre ses passions et instincts déréglés.

« **La raison commande à l'irascible et au concupiscible par un pouvoir politique [et non despotique], car l'activité sensible a un pouvoir propre qui lui permet de résister au commandement de la raison.** L'appétit sensible, en effet, peut entrer naturellement en action sous l'impulsion, non seulement de l'estimative chez l'animal, et, chez l'homme, de la cogitative que la raison universelle dirige, mais encore sous celle de l'imagination et des sens. **Nous savons par expérience que l'irascible et le concupiscible s'opposent à la raison, quand nous sentons ou imaginons une chose agréable que la raison interdit, ou une chose attristante que la raison prescrit** » (*ibid.*, I, 81, 3).

Ainsi, il est naturel — et non peccamineux — que les appétits inférieurs tendent à se soustraire au magistère des appétits supérieurs ; et, par-là, il est naturel et bon que les appétits supérieurs aient à lutter contre les inférieurs, afin de les rationaliser. De sorte que la vie *humaine* s'apparente bien à une *lutte* ; « **il est nécessaire que l'âme souffre difficultés et combats pour atteindre certains biens ou éviter certains maux** » (*ibid.*, I-II, 23, 1).

Or la vertu de force est précisément la vertu qui permet de lutter. C'est pourquoi le fascisme fait de cette vertu le moteur de toute la vie morale. Et il rejoint bien, une fois de plus, l'enseignement du Saint Docteur :

« **La force, considérée comme une certaine fermeté de l'âme, est la vertu en général, ou plutôt la condition générale de toute vertu** » (*ibid.*, II-II, 123, 2).

Et ailleurs : « **La force résumant éminemment en elle la condition nécessaire à toute vertu, à savoir la fermeté dans le**

bien, c'est à juste titre qu'elle est dite vertu cardinale » (*ibid.*, II-II, 123, 11).

Saint Ambroise allait même jusqu'à dire que « **la force l'emporte sur les autres vertus** », dans la mesure où elle est la vertu la plus nécessaire à la vie, qui est naturellement faite d'épreuves et de guerres, tant à l'échelle domestique qu'à l'échelle civile (*ibid.*, II-II, 123, 12).

Et nous croyons qu'il n'est pas inutile de rappeler aux catholiques ces mots du Christ Lui-même : « *Regnum coelorum vim patitur, et violenti rapiunt illud* » (Matthieu, 11, 12) : le royaume des cieux exige la force, et ce sont les violents qui l'emportent.

Il semble que la conception fasciste de la vie ne soit pas si opposée qu'on le prétend à la morale chrétienne.

★

« Il [*le fascisme*] estime qu'il appartient à l'homme de conquérir une vie vraiment digne de lui. »

Voilà une conception de la dignité qui correspond, une fois de plus, à celle de saint Thomas. Pour ce dernier, la véritable dignité est la dignité *morale*, c'est-à-dire la vertu, ou l'honneur (au sens de rectitude intérieure). Or c'est là quelque chose qui n'est pas inné, mais qui se conquiert, par la répétition d'actes vertueux. Aussi l'homme doit-il conquérir sa dignité.

L'homme qui se laisse aller à ses passions, dit saint Thomas, déchoit de sa dignité ontologique, devient inférieur à la bête elle-même ; et c'est la raison pour laquelle il peut être supprimé si le Bien commun l'exige.

« Par le péché l'homme s'écarte de l'ordre prescrit par la raison ; c'est pourquoi il déchoit de sa dignité humaine, qui consiste à naître libre et à exister pour soi ; il tombe ainsi dans la servitude qui est celle des bêtes, de telle sorte que l'on peut disposer de lui selon qu'il est utile aux autres. […] Voilà pourquoi, s'il est mauvais en soi de tuer un homme qui conserve sa dignité, ce ne peut être en revanche qu'un bien de mettre à mort un pécheur, absolument comme on abat une bête ; on

peut même dire avec Aristote qu'un homme mauvais est encore pire qu'une bête, et encore plus nuisible » (*Somme théologique*, II-II, 64, 2).

On est bien éloigné de la conception moderne — et moderniste — de la dignité humaine.

★

« D'où la haute valeur de la culture sous toutes ses formes (art, religion, science) et la très grande importance de l'éducation. D'où, également, la valeur essentielle du travail, par quoi l'homme triomphe de la nature et crée le monde humain (économique, politique, moral, intellectuel). »

La culture, l'éducation, le travail sont autant de victoires de l'homme sur la nature.

La culture, c'est la victoire de l'homme sur la nature qui l'entoure. L'éducation, c'est la victoire de l'homme sur sa propre nature.

Le travail, enfin, est à la fois victoire sur la nature extérieure et sur la nature intérieure : par le travail, l'homme transforme la matière brute en chose humaine, et travaille aussi sur lui-même.

Pour rappel, le travail est une chose naturelle à l'homme : « Le Seigneur Dieu prit l'homme et le plaça dans le paradis, **afin que l'homme y travaillât** et le gardât » (Genèse, 2, 15). **Il est donc dans l'essence de l'homme de travailler.**

Et il est aussi naturel que l'homme souffre à cause du travail, car le travail comporte — par nature — une part de pénibilité.

On nous objectera peut-être que la pénibilité du travail est une conséquence du péché originel — comme la douleur liée à l'enfantement — puisque c'est seulement après le péché que Dieu dit à l'homme : « Tu gagneras ton pain à la sueur de ton front » (Genèse, 3, 19) ; saint Thomas dit en outre : « Ce travail [*dans le paradis terrestre*] n'aurait pas été pénible comme après le péché ; il aurait été joyeux, à cause de l'expérience que l'homme aurait faite de sa force naturelle » (*Somme théologique*, I, 102, 3).

Mais il faut là encore être clair : la pénibilité du travail — de même que la douleur liée à l'enfantement — est certes une conséquence du péché originel, mais une conséquence *per accidens*. Car l'impassibilité dont jouissait l'homme au paradis terrestre était un don gratuit de Dieu, et non quelque chose qui relevait de sa nature. De sorte que l'homme aurait connu la souffrance dans un état de pure nature, même non peccamineux. « **L'immortalité et l'impassibilité [***l'absence de souffrance***] de l'état primitif ne dépendaient pas des conditions naturelles de la matière, mais bien de la justice originelle** » (*ibid.*, I, 81, 5).

Et c'est grâce au travail que l'homme crée un monde à son image ; un monde qui réponde à la fois aux besoins de l'individu — qui est corps, intelligence et volonté — et de la société tout entière.

Mais surtout, c'est par le travail que l'homme vainc sa tendance à la facilité et à la paresse. C'est par le travail qu'il conquiert sa dignité morale. Car la perfection est dans l'agir.

En somme, c'est par le travail que la forme se fait victorieuse de la matière — « **la matière est pour la forme, et non l'inverse** » (*ibid.*, I, 89, 1) — et que l'esprit rationnel triomphe de la nature brute.

4. Conception morale

Cette conception positive de la vie est évidemment une conception éthique. Elle englobe toute la réalité, aussi bien que l'activité humaine qui la domine. Aucune action n'échappe au jugement moral ; rien au monde ne peut être privé de la valeur qu'ont toutes choses en fonction des fins morales. La vie, par conséquent, telle que la conçoit le fasciste, est grave, austère, religieuse : elle est vécue tout entière dans un monde que soutiennent les forces morales et responsables de l'esprit. Le fasciste méprise la vie commode.

« Cette conception positive de la vie est évidemment une conception éthique. »

On a souvent reproché au fascisme un certain machiavélisme, une absence de moralité au profit du politique, une tendance à tout justifier — y compris les pires crimes — au nom des fins poursuivies.

Pourtant, la conception authentiquement fasciste de la vie en général, et de la vie politique en particulier, est tout à fait opposée à une telle conduite. Car cette conception est profondément morale.

Et, de fait, les régimes fascistes (italien, allemand, portugais aussi dans une certaine mesure) sont les seuls, au siècle dernier, à avoir tâché de remettre la morale à l'honneur — cette morale rejetée tant par les démocraties libérales que par les régimes communistes. On songera notamment à leur politique de promotion de la famille traditionnelle, et à leur lutte contre l'homosexualité ou encore la prostitution.

★

« Elle [*la morale*] englobe toute la réalité, aussi bien que l'activité humaine qui la domine. Aucune action n'échappe au jugement moral ; rien au monde ne peut être privé de la valeur qu'ont toutes choses en fonction des fins morales. »

Si la morale englobe toute la réalité, et si, par conséquent, aucune action humaine ne peut échapper au jugement moral, alors la politique elle-même ne peut s'émanciper des règles de la moralité. Et c'est pourquoi Gentile conçoit l'État comme une réalité éminemment « éthique » (I, 11 et 12). Dans une perspective fasciste, personne n'est au-dessus de la loi morale (I, 2), pas même l'État ou le chef d'État ; car on ne donne pas ce que l'on n'a pas, de sorte que l'État, qui doit rendre les citoyens vertueux, doit lui-même être vertueux.

Et cela, on en conviendra volontiers, correspond bien à la philosophie politique de saint Thomas : « **Il est évident que la fin d'une multitude réunie en société est de vivre selon la vertu ; en effet, les hommes se réunissent pour bien vivre ensemble, but que ne peut atteindre un homme isolé ; or vivre bien, c'est vivre selon la vertu ; donc la fin de la société humaine est la vie selon la vertu** » (*De Regno*, II, 3) ; et ailleurs : « **La Cité est la communication dans le bien-vivre, composée de communautés diverses en vue de la vie parfaite et par soi suffisante. Or, c'est cela vivre dans le bonheur : vivre bien ou de manière heureuse dans la Cité, c'est agir pratiquement selon la vertu la plus noble. Il est donc manifeste que la communication politique consiste dans une communication dans les actions bonnes, ce qui est "vivre" au sens plénier du terme. Il est donc évident que la fin pour laquelle la Cité bien ordonnée est constituée, c'est vivre et agir selon la vertu** » (*Comm. pol.*, III, 17, 411-412).

Mais, la fin ou le bien commun d'une société doit être recherchée avant tout par l'autorité qui gouverne cette société : « **Gouverner consiste à conduire convenablement ce dont on a la charge à la fin qui s'impose** » (*De Regno*, II, 3). Or, dans la Cité, ou société politique, c'est l'État qui détient l'autorité et qui a par conséquent charge du Bien commun. **De sorte qu'il relève de la mission de l'État de rendre les citoyens vertueux, par tous les moyens nécessaires.**

C'est pourquoi, dans la doctrine du fascisme, l'État n'est pas juste le garant de l'ordre et de la sécurité des individus, comme dans la conception libérale — et même comme dans une certaine conception monarchique et non organique de la société —, mais aussi et surtout de l'unité de la Cité dans la vertu.

Et c'est en cela que l'État fasciste se veut totalitaire, et qu'il considère en outre que l'éducation des enfants — ou du moins une partie de cette dernière — lui revient en droit.

★

« Rien au monde ne peut être privé de la valeur qu'ont toutes choses **en fonction des fins morales**. »

On voit ici que le devoir moral dont le fascisme se veut le promoteur n'est pas un devoir abstrait et détaché de toute raison suffisante — tel qu'on le trouve chez Kant —, mais qu'il est conditionné par les fins morales, c'est-à-dire les fins de la vie humaine. Ce qui est bon, c'est ce qui permet à l'homme de parvenir à son entéléchie, c'est-à-dire à la réalisation parfaite de sa nature, ou forme ; ce qui est mauvais, c'est ce qui, au contraire, l'empêche de parvenir à cette finalité.

On voit, là encore, l'adéquation de la doctrine du fascisme avec le finalisme réaliste d'Aristote et de saint Thomas.

★

« La vie, par conséquent, telle que la conçoit le fasciste, est grave, austère, religieuse : elle est vécue tout entière dans un monde que soutiennent les forces morales et responsables de l'esprit. Le fasciste méprise la vie commode. »

Le fascisme veut que l'homme vive vertueusement. Or la vertu n'est autre que l'agir selon la nature ; et la nature de l'homme, c'est sa raison. De sorte que la vertu de l'homme consiste à agir selon sa raison : « **Agir selon la raison, c'est cela qui est agir selon la vertu** » (saint Thomas, *Somme théologique*, II-I,

85, 2). C'est pourquoi le fascisme veut que la vie soit vécue de manière rationnelle, grave et austère.

Et c'est pourquoi aussi il rejette la vie commode, ou la vie selon le plaisir, qui réduit l'homme à une brute, à un animal sans raison. « **S'il était dans le pouvoir des plaisirs de rendre les hommes bienheureux, il n'y aurait pas de raison pour ne pas dire les bêtes elles-mêmes bienheureuses, ce qui serait absurde** » (Boèce, cité par saint Thomas en *Somme théologique*, II-I, 2, 6).

Le fasciste méprise les plaisirs de la chair.

5. Conception religieuse

Le fascisme est une conception religieuse, qui considère l'homme dans son rapport sublime avec une loi supérieure, avec une volonté objective qui dépasse l'individu comme tel et l'élève à la dignité de membre conscient d'une société spirituelle. Ceux qui, dans la politique religieuse du régime fasciste, n'ont vu qu'une question de pure opportunité, n'ont pas compris que le fascisme est non seulement un système de gouvernement, mais encore, et avant tout, un système de pensée.

Nous nous contenterons ici de deux remarques.

Par « loi supérieure », il semble bien que Gentile entende ici la loi naturelle — au sens thomiste du terme, c'est-à-dire au sens de loi morale —, voire la loi divine ; en tout cas, cette loi n'est certainement pas la loi positive des hommes, puisque Gentile dit précisément qu'elle leur est « supérieure ». Et cela nous est confirmé par l'expression de « volonté objective », qui ne peut renvoyer qu'à Dieu, Auteur de la Nature et donc de la loi naturelle (pour rappel, Gentile était catholique).

De plus, il contredit ici tous ceux qui font de la religion un élément opportun ou accidentel du régime fasciste ; au contraire, dans une perspective fasciste, la politique est **par soi** inséparable de la *vraie* religion — c'est-à-dire de celle qui est vraiment *religion*, qui relie effectivement les hommes à la volonté objective de laquelle ils tiennent leur existence, donc du catholicisme.

En effet, dans une perspective fasciste, le politique et le religieux, s'ils sont deux domaines distincts, sont cependant intrinsèquement liés ; car l'ordre politique est *par nature* ou *de soi* ordonné à la vie transcendante de l'homme, c'est-à-dire à la vie de l'esprit humain après la mort.

Et voilà, qui, une fois de plus, est bien conforme à l'enseignement de saint Thomas :

« **Puisque l'homme, en vivant selon la vertu, se trouve ordonné à une fin ultérieure qui consiste […] en la vision de Dieu, et que la fin de la multitude des hommes est la même que celle de l'homme individuel, il s'ensuit que la fin *ultime* de la société politique n'est pas [seulement] de vivre selon la vertu mais d'atteindre, par cette vie vertueuse, la vision de Dieu** » (*De Regno*, II, 3).

On voit, une fois de plus, comment la conception spiritualiste du fascisme s'accorde volontiers avec le thomisme, et plus généralement avec la vision réaliste et catholique de l'homme et de la Cité.

6. Conception éthique et réaliste

*Le fascisme est une conception historique, dans laquelle **l'homme n'est ce qu'il est qu'en fonction du processus spirituel auquel il concourt, dans le groupe familial et social, dans la nation, et dans l'histoire à laquelle toutes les nations collaborent. D'où la haute valeur de la tradition dans les mémoires, dans la langue, dans les mœurs, dans les lois de la vie sociale.** En dehors de l'histoire, l'homme n'est rien. C'est pourquoi, **le fascisme est contraire à toutes les abstractions individualistes**, à base matérialiste, genre XIXe siècle ; c'est pourquoi aussi **il est contraire à toutes les utopies et à toutes les innovations jacobines. Il ne croit pas à la possibilité du « bonheur » sur la terre**, comme le voulait la littérature des économistes du XVIIIe siècle ; **aussi repousse-t-il toutes les conceptions téléologiques d'après lesquelles, à un certain moment de l'histoire, le genre humain parviendrait à un stade d'organisation définitive. Une telle doctrine est contraire à l'histoire et à la vie, qui est mouvement incessant et perpétuel devenir. Le fascisme veut, politiquement, être une doctrine réaliste** ; pratiquement, il n'aspire à résoudre que les problèmes qui se posent historiquement d'eux-mêmes et qui, d'eux-mêmes, trouvent ou suggèrent leur solution ; pour agir sur les hommes, comme sur la nature, il faut entrer dans le cours de la réalité et se rendre maître des forces en action.*

« L'homme n'est ce qu'il est, qu'en fonction du processus spirituel auquel il concourt, dans le groupe familial et social, dans la nation et dans l'histoire à laquelle toutes les nations collaborent. D'où la haute valeur de la tradition dans les mémoires, dans la langue, dans les mœurs, dans les lois de la vie sociale. [...] Le fascisme est contraire à toutes les abstractions individualistes. »

On a souvent déclaré que le fascisme voulait « créer un homme nouveau », un « Surhomme » nietzschéen, libéré de toutes contraintes et de toutes racines.

C'est absolument faux. Le fascisme ne croit pas en la possibilité d'un tel homme, car le fascisme est réaliste, et qu'un tel homme n'existe pas. L'homme que le fascisme considère, et qu'il défend, c'est l'homme intégré « dans le groupe familial et social, dans la nation, et dans l'histoire à laquelle toutes les nations collaborent ».

Dans le groupe familial et social : Pour le fasciste, la cause matérielle prochaine de la Cité n'est pas l'ensemble des individus, mais l'ensemble des familles et des milieux sociaux, ou des corps intermédiaires, qui la composent. L'individu en tant que tel n'est rien ; il n'existe que par, et dans, une famille et un premier corps social.

Or, cela est bien conforme à l'enseignement de saint Thomas :

« Il convient à l'homme de vivre en société, du fait que, solitaire, il ne suffirait pas à son existence […]. Une famille, seule, confinée à un seul domaine, a un certain nombre de suffisances quant aux besoins vitaux, à savoir ceux qui ont trait aux actes naturels de la nutrition, de la génération et aux fonctions similaires ; une seule ville se suffira à elle-même pour un seul corps de métier » (*De Regno*, I, 1).

L'homme ne peut exister sans une famille qui lui donne la vie et un métier qui le nourrisse. « **La personne humaine n'a aucune existence réelle dans la vie humaine, prise comme telle, au plan de la nature** » (Marcel De Corte, *Les Droits de l'homme*). Il n'existe pas d'individu isolé.

Cependant, le caractère naturellement social de l'homme ne se limite pas à l'appartenance à une famille et à un milieu social. Il va jusqu'à l'appartenance à une communauté politique, à une nation : l'homme n'est, et n'est ce qu'il est, que « dans la nation, et dans l'histoire à laquelle toutes les nations collaborent ».

Or, là encore, c'est bien conforme à l'enseignement du Docteur angélique, pour lequel la seule communauté parfaite est la Cité :

« La Cité, elle, qui est la seule communauté parfaite, se suffira à elle-même quant à tous les besoins de la vie, et plus encore la province (ou l'union de plusieurs Cités), parce qu'elle pourvoit à elle seule au besoin de secours mutuel quant à la résistance aux ennemis » (saint Thomas, *De Regno*, I, 1). **La Cité est la communauté parfaite, non seulement parce qu'elle est la seule à pourvoir à tous les besoins de la vie, mais aussi et surtout parce qu'elle est la seule à pouvoir procurer à l'homme le bien-vivre, c'est-à-dire une vie proprement humaine, une vie selon la raison et la vertu.** Et c'est pourquoi il n'existe pas — et ne peut exister — d'individu n'appartenant pas à une nation.

Or, cette appartenance naturelle à une famille, à un milieu social, à une nation, à une époque donnée aussi, donne à l'homme un certain nombre de racines. Des racines qui, précisément parce qu'elles sont naturelles, sont bonnes et doivent être défendues. Le fascisme se veut le défenseur des racines naturelles, et de l'idée même de racine. Il veut un homme enraciné dans le réel, et s'oppose donc à « toutes les abstractions individualistes ».

Le fascisme se veut le défenseur de « la tradition dans les mémoires, dans la langue, dans les mœurs, dans les lois de la vie sociale » ; il est traditionaliste, parce que c'est la Tradition qui fait toute la réalité et la valeur de l'homme.

★

« Il [*le fascisme*] est contraire à toutes les utopies et à toutes les innovations jacobines. Il ne croit pas à la possibilité du "bonheur" sur la terre [...] ; aussi repousse-t-il toutes les conceptions téléologiques d'après lesquelles, à un certain moment de l'histoire, le genre humain parviendrait à un stade d'organisation définitive. »

On a souvent reproché au fascisme d'être une utopie, digne des folies de la Révolution française et du communisme, de vouloir apporter « le bonheur pour mille ans ».

Là encore, une telle accusation est tout à fait infondée. Outre le fait que l'esprit du fascisme est l'envers même de l'esprit de la Révolution et du communisme, il n'a jamais cherché à instaurer un paradis sur terre. Et ce, pour la simple et bonne raison qu'« il ne croit pas à la possibilité du "bonheur" sur la terre ». Dans l'esprit du fascisme, le seul bonheur possible est le bonheur après la mort.

En effet, une chose reçoit son essence de sa forme ; or la forme de l'homme, c'est son esprit ; de sorte que l'essence de l'homme est spirituelle. Mais la fin d'une chose découle de son essence, de sorte qu'une chose n'atteint sa finalité que lorsqu'elle réalise parfaitement son opération propre, c'est-à-dire l'opération qui relève de son essence ; par conséquent, l'homme atteint sa finalité lorsque son acte d'intellection est parfait : « **La béatitude est la perfection de l'âme du côté de l'intellect** » (saint Thomas, *Somme théologique*, I-II, 4, 5). Or, il est clair que l'acte d'intellection est plus parfait chez l'esprit séparé du corps que chez l'esprit uni au corps, car « **connaître par recours aux intelligibles est plus noble que connaître par recours aux images** » (*ibid.*, I, 89, 1) ; **c'est donc dans l'état post-mortem d'esprit pur, c'est-à-dire d'esprit séparé du corps, que l'homme atteint son véritable bonheur.**

Le fascisme est foncièrement spiritualiste.

C'est pourquoi le fasciste ne croit pas en un bonheur terrestre, et refuse « toutes les conceptions téléologiques d'après lesquelles, à un certain moment de l'histoire, le genre humain parviendrait à un stade d'organisation définitive ».

À la limite, le seul Paradis que le fasciste veuille bien accepter est « **un Paradis laborieux, discipliné, intransigeant ; un Paradis où l'on ne se repose jamais, et qui ait, dans l'embrasure des portes, des anges armés de glaives** » (José Antonio Primo de Rivera, *Textos de doctrina política*).

★

« Une telle doctrine [*une doctrine qui voudrait instaurer un paradis sur terre*] est contraire à l'histoire et à la vie, qui est mouvement incessant et perpétuel devenir. Le fascisme veut, politiquement, être une doctrine réaliste. »

Dans l'esprit du fascisme — qui est radicalement celui du thomisme —, la vie est un mouvement continuel, à tel point que ce qui n'est plus en mouvement doit être tenu pour mort (*Somme théologique*, I, 18, 2). De plus, l'existence terrestre de l'homme est une épreuve, une lutte ; l'histoire est une suite de conflits et de guerres. Le fasciste ne croit donc pas au repos sur la terre. Il n'y a de repos que pour l'âme séparée.

Sur terre, le fascisme veut que l'homme soit « actif et engagé dans l'action avec toutes ses énergies » (*La Doctrine du fascisme*, I, 3. Conception de la vie comme lutte). Et parce que la lutte est par nature difficile, et que la difficulté entraîne nécessairement une certaine souffrance, le fasciste comprend que la souffrance est naturelle, et donc bonne ; c'est pourquoi il ne cherche à la supprimer, mais plutôt à la supporter avec courage et abnégation.

Et c'est en ce sens que le fascisme est profondément réaliste.

7. Anti-individualisme et liberté

Anti-individualiste, la conception fasciste est pour l'État, et elle est pour l'individu, en tant que celui-ci s'harmonise avec l'État, conscience et volonté universelle de l'homme dans son existence historique. Elle est contre le libéralisme classique, né du besoin de réagir contre l'absolutisme et qui a terminé sa fonction historique, depuis que l'État est devenu la conscience même et la volonté même du peuple. *Le libéralisme niait l'État dans l'intérêt de l'individu ; le fascisme réaffirme l'État comme la véritable réalité de l'individu.* Et, si la liberté doit être l'attribut de l'homme réel, et non du fantoche abstrait auquel pensait le libéralisme individualiste, le fascisme est pour la liberté. *Il est pour la seule liberté qui puisse être chose sérieuse, la liberté de l'État et de l'individu dans l'État.* En effet, pour le fasciste, *tout est dans l'État, et rien d'humain ni de spirituel n'existe et a fortiori n'a de valeur, en dehors de l'État. En ce sens, le fascisme est totalitaire*, et l'État fasciste, synthèse et unité de toute valeur, *interprète, développe et domine toute la vie du peuple.*

« Anti-individualiste, la conception fasciste est pour l'État, et elle est pour l'individu, en tant que celui-ci s'harmonise avec l'État, conscience et volonté universelle de l'homme dans son existence historique. »

Le fascisme est anti-individualiste, c'est-à-dire qu'il refuse de faire de l'individu un absolu. Mais il est au contraire étatiste, c'est-à-dire qu'il considère que l'État — au sens de communauté politique — est, sur cette terre, le seul absolu qui soit, puisque la seule réalité capable de se suffire parfaitement à elle-même (saint Thomas, *De Regno*, I, 1).

Par conséquent, il veut que l'individu soit ordonné tout entier à l'État, comme l'imparfait s'ordonne au parfait. Et cela est bien conforme à l'enseignement de saint Thomas :

« L'homme tout entier est ordonné comme à sa fin à la communauté entière dont il fait partie » (*Somme théologique*, II, II, 65).

Puisque l'homme — qui est « par nature animal politique » (Aristote, *Pol.*, I) — fait naturellement partie d'un État, et que la partie en tant que partie doit s'ordonner au tout, le fascisme se veut étatiste, c'est-à-dire qu'il promeut une société dans laquelle tous les individus sont ordonnés à l'État : **« On appelle étatisme toute conception politique dans laquelle l'homme est justement ordonné à l'État comme la partie au tout »** (abbé Julio Meinvielle, *Conception catholique de la politique*). Ce n'est pas l'État qui est pour l'individu, mais l'individu — en tant que toute sa réalité est par et dans l'État, comme nous allons le voir, — qui est pour l'État.

Et puisque les individus qui composent l'État sont naturellement politiques, l'État est pour ainsi dire la conscience de soi de leur nature, par-là de chacun de ces individus, ainsi que leur volonté immanente objective.

★

« Le libéralisme niait l'État dans l'intérêt de l'individu ; le fascisme réaffirme l'État comme la véritable réalité de l'individu. »

Pour le fasciste, l'individu n'existe que *par* et *dans* l'État.

Il n'existe que *par* l'État, dans la mesure où la nature est principe d'existence, et que la nature de l'homme est sociale et politique, de sorte qu'un homme ne peut être amené à l'existence sans communauté politique (pas d'individu sans famille, et pas de famille sans Cité).

Mais surtout, il n'existe que *dans* l'État, puisqu'une vie proprement humaine, c'est-à-dire une vie faite de *contempler*, d'*agir* et de *faire*, ne peut se réaliser que dans le cadre de la communauté politique. L'individu a en effet besoin de la société, d'abord pour qu'on l'instruise quant aux divers sciences et arts nécessaires à une vie bonne, et pour qu'on l'éduque à la vertu ;

ensuite pour qu'on lui donne l'occasion de transmettre son savoir (le savoir étant fait pour être communiqué), et pour qu'on lui offre les moyens de pratiquer la vertu — surtout la vertu de justice, qui concerne les hommes en tant qu'ils sont en relation —, ainsi que l'art où il se sera éventuellement spécialisé.

« La personne humaine n'a aucune existence réelle dans la vie humaine, prise comme telle, au plan de la nature » (Marcel De Corte, *Les Droits de l'homme*). L'individu n'est rien — *actuellement* — sans l'État ; c'est-à-dire qu'il ne peut agir que dans et par l'État, et par conséquent toute sa réalité consiste en l'État : l'État est la véritable réalité de l'individu.

★

« Il [*le fascisme*] est pour la seule liberté qui puisse être chose sérieuse, la liberté de l'État et de l'individu dans l'État. »

La liberté n'est pas un absolu, une fin en soi ; elle ne consiste pas à faire tout ce que l'on veut, ou que l'on désire, mais à s'ordonner à notre finalité d'animal politique, qui n'est autre que le Bien commun.

En effet, on ne choisit pas sa fin, car celle-ci nous est imposée par notre nature. De sorte que la véritable dignité de l'être doté de libre arbitre consiste, non pas à se choisir une finalité, mais à choisir les bons moyens qui lui permettront d'atteindre cette finalité. Or l'homme est animal politique, de sorte que sa fin est celle de la Cité, qui est le Bien commun. Il résulte de là que la vraie liberté consiste à s'ordonner au Bien commun.

Mais seul l'État en tant qu'État est apte à faire parvenir les hommes au Bien commun, car la multitude ne peut rechercher un tel bien. La seule liberté qui vaille est donc la liberté de l'État, et celle — conjointe — de l'individu en tant qu'il est dans l'État ; une liberté qui serait conçue en dehors de l'État serait tout simplement illusoire.

« La dignité humaine, l'intégrité de l'homme et sa liberté sont des valeurs éternelles et intangibles ; mais il n'existe de liberté que dans un ordre » (José Antonio Primo de Rivera,

Textos de doctrina política). Et l'État, seul, peut donner un ordre à la liberté humaine, c'est-à-dire lui offrir à la fois les dispositions nécessaires pour agir — que nous avons étudiées —, et la finalité vers laquelle elle doit tendre, à savoir le Bien commun.

★

« Tout est dans l'État, et rien d'humain ni de spirituel n'existe et *a fortiori* n'a de valeur, en dehors de l'État. En ce sens, le fascisme est totalitaire. »

Tout est dans l'État, c'est-à-dire que tout ce qui relève de l'homme, animal politique, existe dans l'État ; or une chose n'a de valeur qu'à proportion de son existence (l'être et le bien étant des transcendantaux) ; de sorte que rien n'a de valeur en dehors de l'État, et que, parmi les choses proprement humaines, celles qui sont les plus honorables sont celles qui relèvent le plus de l'État, ou de la chose politique.

Et c'est pourquoi le fascisme est « totalitaire ».

Il est totalitaire, non pas dans le sens où il nierait la vocation transcendante de l'homme (comme le communisme) ; mais dans le sens où il veut que tout individu s'ordonne actuellement — c'est-à-dire par ses actes, et dans tous ses actes — au Bien commun de l'État, ou de la Totalité, puisque le Bien commun est la finalité immanente de l'homme.

En effet, l'homme tout entier est ordonné comme à sa fin à la communauté entière dont il fait partie (*Somme théologique*, II-II, 65), or le bien de la partie est finalisé par le Bien du Tout, de sorte que l'homme ne trouve son bonheur — sur cette terre — que *dans le Bien commun* de la Totalité. Le totalitarisme du fascisme est donc tout à fait conforme à l'ordre naturel, qui est essentiellement politique.

« **Il y a un totalitarisme du Bien commun, parce que l'État peut commander toutes les actions en tant qu'elles sont ordonnables au Bien commun** » (abbé Julio Meinvielle, *Conception catholique de la politique*) ; un Bien commun qui, nous fait remarquer saint Thomas, a quelque chose de « divin » (*Somme* *théologique*, II-II, 99, 1) en tant qu'il est, en ce monde, ce qui participe le plus à l'universalité de Dieu.

« **Le Bien commun temporel de toute société est divin parce qu'il vient de Dieu et qu'il conduit à Dieu** » (abbé Julio Meinvielle, *op. cit.*).

D'ailleurs, même le Bien commun surnaturel est pour ainsi dire politique, puisque, comme le dit saint Thomas, la grâce ne supprime pas la nature mais la perfectionne (« *gratia non tollit naturam sed perficit* »), de sorte que l'ordre surnaturel — pour l'homme — est de nature éminemment « communautaire ».

« On a prétendu s'appuyer sur la transcendance absolue de la béatitude surnaturelle, pour soutenir que le bien de la personne singulière est purement et simplement supérieur au Bien commun, comme si cette béatitude n'était pas, dans sa transcendance et par là même, le Bien commun le plus universel qui doit être aimé pour lui-même et pour sa diffusion. Ce bien ultime ne se distingue pas des biens communs inférieurs en ce qu'il serait le bien singulier de la personne individuelle. On peut jouer, en effet, sur l'ambiguïté des termes "particulier", "propre" et "singulier". "Le bien propre de l'homme doit être entendu de diverses manières. Car, le bien propre de l'homme en tant qu'homme est le bien de raison, du fait que, pour l'homme, être c'est être raisonnable. Mais le bien de l'homme selon qu'il est artisan est le bien artisanal ; et ainsi, **en tant qu'il est politique, son bien est le Bien commun de la Cité**" (saint Thomas, *Questions disputées*, *Des vertus*, 2, 2). Or, de même que le bien de l'homme en tant que citoyen n'est pas le bien de l'homme en tant qu'homme seulement, **de même le bien de la béatitude n'est pas le bien de l'homme en tant qu'homme seulement [...], mais en tant que citoyen de la Cité céleste** » (Charles De Koninck, *De la primauté du Bien commun contre les personnalistes*).

Et le Bien commun ne consiste en rien d'autre qu'en l'**unité de la Cité** : « **Le bien et le salut des hommes réunis en société est la conservation de cette unité, qu'on appelle la concorde ; si elle périt, la bienfaisance de la vie sociale disparaît ; bien**

plus, la société désunie devient insupportable à ses membres. C'est à cela que doit par-dessus tout s'appliquer celui qui dirige la collectivité humaine : procurer l'unité » (*De Regno*, I, 2).

Une unité de la Cité qui est dite aussi amitié politique, puisque les membres de l'État ou de la chose politique sont des personnes, et que l'unité de personnes se nomme amitié ; « **L'amitié est la principale sollicitude des législateurs, plus encore que la justice, tandis qu'ils cherchent tout particulièrement à bannir la discorde, ennemie de l'amitié** » (Aristote, *Éthique à Nicomaque*, VIII, 1).

L'amitié politique, il est vrai, est par nature quelque chose de contradictoire. D'un côté, elle est la finalité de la communauté politique : si les citoyens ne réalisent pas spontanément entre eux des actes d'amitié, l'État a le devoir de les y contraindre. Mais, d'un autre côté, l'amitié doit, par définition, être quelque chose de volontaire et de libre : on n'oblige pas des gens à être amis.

Mais, puisque l'amitié politique est la finalité naturelle de la société, il faut nécessairement qu'il existe un moyen de surmonter cette contradiction. Et la réponse nous est donnée, une fois de plus, par Aristote : « **La Cité est une pluralité qui,** *par le moyen nécessaire de l'éducation*, **doit être ramenée à une seule communauté** » (*Politiques*, II, 5).

Donc, pour un État, ce n'est pas être tyrannique, mais au contraire sainement totalitaire, c'est-à-dire soucieux du plus grand bien des membres de la Cité — à savoir le Bien commun —, que de prendre en charge l'éducation des enfants dès que ces derniers ont atteint un âge raisonnable, afin de les ordonner au Bien commun, qui est leur fin ultime d'individus rationnels. Car c'est par l'État et seulement par l'État que l'individu parvient à renoncer aux désirs qui relèvent de sa subjectivité, pour ne plus désirer que l'Universel, qui est ce vers quoi tend la volonté objective de sa nature.

L'amitié politique est la fin immanente de l'homme, car seule l'amitié permet d'actualiser toutes les puissances de sa nature — intelligence, volonté, cœur —, et que l'amitié politique est la plus parfaite des amitiés, en tant qu'elle est celle qui actualise le mieux ces mêmes puissances.

Aristote dit que l'amitié politique, encore appelée concorde, est réalisée dans la Cité « quand les citoyens sont unanimes sur leurs intérêts, choisissent tous la même ligne de conduite et exécutent tous les décisions prises en commun » (*Éthique à Nicomaque*, IX, 6). Voilà qui paraît bien « totalitaire » !

Quant à Saint Thomas, il reprendra à son compte la magnifique définition de l'amitié politique donnée par Cicéron dans *La République* : « ***Rerum humanarum et divinarum cum benevolentia et charitate consensio*** » : consensus (ou unité des intelligences) dans les choses humaines et divines, avec bienveillance (amour de la volonté) et charité (amour du cœur).

On voit ici la beauté du totalitarisme — fasciste bien sûr — qui, loin d'aliéner les individus dans l'unité de l'État, les fait au contraire parvenir à leur finalité *par* et *dans* cette unité de l'État.

★

« L'État fasciste [...] interprète, développe et domine toute la vie du peuple. »

L'État interprète et développe la vie du peuple, dans la mesure où l'État, c'est-à-dire ici l'autorité politique, est à la multitude ce que l'âme est au corps (*De Regno*, I, 1), et que c'est l'âme qui donne sa réalité au corps, et qui développe sa vie propre.

L'État, enfin, domine toute la vie du peuple, au sens où il a une autorité totale sur lui, puisque le peuple, en tant qu'il est une multitude, ne peut atteindre sa finalité ou son bien — qui est l'unité — que *par* et *dans* l'État (*ibid.*, I, 2).

Si l'État fasciste domine le peuple de manière totalitaire, c'est pour le bien du peuple, et uniquement pour son bien.

8. Antisocialisme et corporatisme

Ni individus, ni groupes (partis politiques, associations, syndicats, classes) en dehors de l'État. Le fascisme s'oppose donc au socialisme, qui fige le mouvement historique dans la lutte des classes, et ignore l'unité de l'État qui incorpore les classes en une seule réalité économique et morale ; et de même, il est contre le syndicalisme de classe. Mais le fascisme veut que, dans l'orbite de l'État, les exigences réelles qui donnèrent naissance au mouvement socialiste et syndicaliste soient reconnues ; et il les fait valoir dans le système corporatif où ces intérêts s'accordent avec l'unité de l'État.

« Ni individus, ni groupes (partis politiques, associations, syndicats, classes) en dehors de l'État. »

Dans la mesure où, par « État », Mussolini n'entend pas l'institution étatique mais la Cité elle-même, cette affirmation ne signifie autre chose que tous les corps intermédiaires, quels qu'ils soient, doivent s'ordonner à la Cité, et que leurs biens propres doivent êtres ordonnés au Bien commun de la Cité.

Or, cela est tout à fait conforme à la lettre et à l'esprit du thomisme : « La fin est ce qui est meilleur en chaque chose, et ce en vue de quoi quelque chose se fait ; or, avoir ce qui est suffisant est meilleur ; donc la suffisance a raison de fin. Or, la Cité est la communauté autosuffisante ; **de sorte que la Cité est la fin des communautés susdites** [*les corps intermédiaires*] » (saint Thomas, *Comm. pol.*, I, 11, 32-33).

Si donc les corps intermédiaires peuvent jouir d'une certaine « liberté », ils ne sont cependant pas libres par rapport au Bien commun de la Cité ; on dira en fait qu'ils sont libres *en fonction* du Bien commun. L'État certes protège, mais *finalise* aussi et surtout les corps intermédiaires ; le véritable bien d'un corps intermédiaire, c'est de coopérer au Bien commun de la Totalité.

Or, ce Bien commun, que l'État doit assurer, n'est autre que l'unité du corps social composé de multiples corps. L'action politique, à tous les niveaux, consiste à travailler à l'unité de la Cité, que l'on dit aussi amitié politique, puisque les membres de la Cité sont des personnes, et que l'unité de personnes se nomme amitié. L'amitié politique est la fin de la Cité et, par conséquent, de tous les corps qui la composent ; ces derniers doivent toujours tendre davantage vers l'unité.

Aussi, la finalité ultime des corps de métiers est de coopérer à l'unité de l'État.

Certains objecteront peut-être que les corps intermédiaires priment sur la Cité, dans la mesure où ils sont premiers par rapport à elle. Ce à quoi il faut répondre, avec saint Thomas, que « **le tout est premier par rapport à la partie, selon l'ordre de la nature et de la perfection** […] bien que les parties soient premières dans l'ordre de la génération » (*Comm. pol.*, I, 11, 38-39) ; or les corps intermédiaires sont les parties de la Cité ; de sorte que, si les corps intermédiaires sont premiers chronologiquement, c'est l'État qui prime ontologiquement sur eux.

Par conséquent, il est tout à fait juste de dire que les corps de métiers — comme tous les autres corps intermédiaires — doivent s'ordonner à l'État, et que leurs biens propres doivent être ordonnés absolument au Bien commun.

« Le fascisme s'oppose donc au socialisme, qui fige le mouvement historique dans la lutte des classes, et ignore l'unité de l'État qui incorpore les classes en une seule réalité économique et morale ; et de même, il est contre le syndicalisme de classe. »

Il ressort de là clairement que le fascisme est radicalement opposé au marxisme et à tous ses rejetons. Car le fascisme recherche l'unité de l'État ou l'amitié politique, qui est le véritable Bien commun, alors que le marxisme oppose au contraire les classes entre elles (classes « bourgeoises » d'un côté, classes « prolétaires » de l'autre) et, par-là, entraîne la discorde et la dissolution de la société politique.

Ceux qui assimilent fascisme et marxisme n'ont rien compris, ou alors font preuve d'une extraordinaire mauvaise foi.

« Mais le fascisme veut que, dans l'orbite de l'État, les exigences réelles qui donnèrent naissance au mouvement socialiste et syndicaliste soient reconnues ; et il les fait valoir dans le système corporatif où ces intérêts s'accordent avec l'unité de l'État. »

Le fascisme veut cependant protéger les ouvriers, comme ils étaient protégés dans les sociétés d'Ancien Régime avant que n'advienne l'ère du libéralisme économique, qui abolit les corps de métier sous prétexte de libérer les individus de toute contrainte. Ici apparaît la volonté fasciste de refonder l'ordre d'Ancien Régime, tout en s'adaptant aux circonstances contemporaines.

Aussi le fascisme est-il corporatiste, c'est-à-dire qu'il est favorable à l'organisation étatique de corps rassemblant ouvriers et patrons, dans le but de subordonner leurs intérêts particuliers à l'intérêt général de l'entreprise dans laquelle ils travaillent, intérêt général lui-même ordonné au Bien commun de l'État.

Et ainsi, le fascisme entend assurer à la fois la justice distributive, l'ordre social, et l'unité de l'État.

★

Si l'organisation économico-politique de la société prônée par le fascisme est conforme à la conception traditionnelle — et thomiste — de l'ordre social, on peut aussi ajouter qu'elle est conforme à l'enseignement des Papes, et plus généralement à la Doctrine sociale de l'Église.

Voici quelques extraits de l'encyclique *Rerum novarum* (1891) de Léon XIII, parue à la fin du « siècle libéral » :

« Le dernier siècle a détruit, sans rien leur substituer, les corporations anciennes qui étaient pour les ouvriers une protection. Les sentiments religieux du passé ont disparu des lois et des institutions publiques et ainsi, peu à peu, **les travailleurs isolés et sans défense se sont vus, avec le temps, livrés à la merci de maîtres inhumains et à la cupidité d'une concurrence effrénée.** [...]

« **Les socialistes, soi-disant pour guérir ce mal, poussent à la haine jalouse des pauvres contre les riches.** [...]

« Tout l'ensemble des vérités religieuses, dont l'Église est la gardienne et l'interprète, est de nature à rapprocher et à réunifier les riches et les pauvres, en rappelant aux deux classes leurs **devoirs mutuels** et, avant tous les autres, ceux qui dérivent de la justice.

« Parmi ces devoirs, voici ceux qui regardent le pauvre et **l'ouvrier**. Il doit fournir intégralement et fidèlement tout le travail auquel il s'est engagé par contrat libre et conforme à l'équité. Il ne doit point léser son patron, ni dans ses biens, ni dans sa personne. **Ses revendications mêmes doivent être exemptes de violences et ne jamais revêtir la forme de séditions.** Il doit fuir les hommes pervers qui, dans des discours mensongers, lui suggèrent des espérances exagérées et lui font de grandes promesses qui n'aboutissent qu'à de stériles regrets et à la ruine des fortunes.

« Quant aux riches et aux **patrons**, ils ne doivent point traiter l'ouvrier en esclave ; il est juste qu'ils respectent en lui la dignité de l'homme, relevée encore par celle du chrétien. Le travail du corps, au témoignage commun de la raison et de la philosophie chrétienne, loin d'être un sujet de honte, fait honneur à l'homme, parce qu'il lui fournit un noble moyen de sustenter sa vie. [...]

« Mais, parmi les devoirs principaux du patron, il faut mettre au premier rang celui de **donner à chacun le salaire qui convient**. [...]

« **De même donc que, par tous ces moyens, l'État peut se rendre utile aux autres classes, de même il peut grandement améliorer le sort de la classe ouvrière. Il le fera dans toute la rigueur de son droit et sans avoir à redouter le reproche d'ingérence ; car en vertu même de son office, l'État doit servir le**

Bien commun. Il est évident que plus se multiplieront les avantages résultant de cette action d'ordre général, et moins on aura besoin de recourir à d'autres expédients pour remédier à la condition des travailleurs. […]

« En dernier lieu, les patrons et les ouvriers eux-mêmes peuvent singulièrement aider à la solution de la question par toutes les **œuvres propres** à soulager efficacement l'indigence et **à opérer un rapprochement entre les deux classes**.

« De ce nombre sont toutes les sociétés de secours mutuels. […]

« Mais **la première place appartient aux corporations ouvrières** qui, en soi, embrassent à peu près toutes les œuvres. Nos ancêtres éprouvèrent longtemps la bienfaisante influence de ces corporations. Elles ont d'abord assuré aux ouvriers des avantages manifestes. De plus, ainsi qu'une foule de monuments le proclament, elles ont été une source de gloire et de progrès pour les arts eux-mêmes. Aujourd'hui, les générations sont plus cultivées, les mœurs plus policées, les exigences de la vie quotidienne plus nombreuses : **il n'est pas douteux qu'il faille adapter les corporations aux exigences nouvelles**. Aussi, Nous voyons avec plaisir se former partout des sociétés de ce genre, soit composées des seuls ouvriers, soit mixtes, réunissant à la fois des ouvriers et des patrons. Il est à désirer qu'elles accroissent leur nombre et l'efficacité de leur action. »

L'État fasciste, en instaurant de telles corporations, n'a rien fait d'autre que se conformer aux préceptes de l'Église.

Voici à présent quelques extraits de l'encyclique *Quadragesimo anno* (1931) de Pie XI, parue quarante ans après *Rerum novarum*, sous l'État fasciste italien :

« Quant au rôle des pouvoirs publics, Léon XIII franchit avec audace les barrières dans lesquelles le libéralisme avait contenu leur intervention ; **il ne craint pas d'enseigner que l'État n'est pas seulement le gardien de l'ordre et du droit, mais qu'il doit travailler énergiquement à ce que, par tout l'ensemble des lois et des institutions, "la constitution et l'administration** de la société fassent naturellement fleurir le bien-vivre public”. […]

« Car **tandis que chancelaient les principes du libéralisme qui paralysaient depuis longtemps toute intervention efficace des pouvoirs publics, l'encyclique déterminait dans les masses elles-mêmes un puissant mouvement favorable à une action de l'État plus franchement sociale.** […]

« Que tous donc, les ouvriers comme les patrons, s'appliquent en parfaite union d'efforts et de vues à triompher de toutes les difficultés et à surmonter tous les obstacles ; **que les pouvoirs publics ne leur ménagent pas, à cette fin salutaire, l'assistance d'une politique avisée.** […]

« **Parlant de la réforme des institutions, c'est tout naturellement l'État qui vient à l'esprit.** Non certes qu'il faille fonder sur son intervention tout espoir de salut. Mais depuis que l'individualisme a réussi à briser, à étouffer presque cet intense mouvement de vie sociale qui s'épanouissait jadis en une riche et harmonieuse floraison de groupements les plus divers, il ne reste plus guère en présence que les individus et l'État. […]

« Par suite de l'évolution des conditions sociales, bien des choses que l'on demandait jadis à des associations de moindre envergure ne peuvent plus désormais être accomplies que par de puissantes collectivités. […]

« **L'objectif que doivent avant tout se proposer l'État et l'élite des citoyens, ce à quoi ils doivent appliquer tout d'abord leur effort, c'est de mettre un terme au conflit qui divise les classes et de provoquer et encourager une cordiale collaboration des professions.**

« **La politique sociale mettra donc tous ses soins à reconstituer les corporations.** […]

« On ne saurait arriver à une guérison parfaite que si, à ces classes opposées, on substitue des organes bien constitués, des "ordres" ou des "professions" qui groupent les hommes, non pas d'après la position qu'ils occupent sur le marché du travail, mais d'après les différentes branches de l'activité sociale auxquelles ils se rattachent.

« L'ordre résultant, comme l'explique si bien saint Thomas, de l'unité d'objets divers harmonieusement disposés, **le corps social ne sera vraiment ordonné que si une véritable unité relie solidement entre eux tous les membres qui le constituent.** Or, **ce principe d'union se trouve** – et pour chaque profession, dans la production des biens ou la prestation des services que vise l'activité combinée des patrons et des ouvriers qui la constituent – et **pour l'ensemble des professions, dans le Bien commun auquel elles doivent toutes et chacune pour sa part tendre par la coordination de leurs efforts.**

« De ce qui précède, on conclura sans peine qu'au sein de ces groupements corporatifs, la primauté appartient incontestablement aux intérêts communs de la profession ; entre tous, **le plus important est de veiller à ce que l'activité collective s'oriente toujours vers le Bien commun de la société politique.**

« **Récemment, ainsi que nul ne l'ignore, a été inaugurée une organisation syndicale et coopérative d'un genre nouveau.** […]

« **L'État accorde au syndicat une reconnaissance légale qui n'est pas sans conférer à ce dernier un caractère de monopole, en tant que seul le syndicat reconnu peut représenter respectivement les ouvriers et les patrons, que seul il est autorisé à conclure les contrats ou conventions collectives de travail.** L'affiliation au syndicat est facultative, et c'est dans ce sens que l'on peut qualifier de libre cette organisation syndicale, vu que la cotisation syndicale et d'autres contributions spéciales sont obligatoires pour tous ceux qui appartiennent à une catégorie déterminée, ouvriers aussi bien que patrons, comme sont aussi obligatoires les conventions collectives de travail conclues par le syndicat légal. Il est vrai qu'il a été officiellement déclaré que le syndicat légal n'exclut pas l'existence d'associations professionnelles de fait.

« **Les corporations sont constituées par les représentants des syndicats ouvriers et patronaux d'une même profession ou d'un même métier et, ainsi que de vrais et propres organes ou** institutions d'État, dirigent et coordonnent l'activité des syndicats dans toutes les matières d'intérêt commun.

« **Grève et lock-out sont interdits** ; si les parties ne peuvent se mettre d'accord, c'est l'autorité qui intervient.

« **Point n'est besoin de beaucoup de réflexion pour découvrir les avantages de l'institution, si sommairement que Nous l'ayons décrite : collaboration pacifique des classes, éviction de l'action et des organisations socialistes, influence modératrice d'une magistrature spéciale.** »

C'est bien évidemment au système corporatif fasciste que Pie XI fait ici allusion.

★

Nous conclurons ce chapitre par ces mots tirés de la *Conception catholique de l'économie* de l'abbé Julio Meinvielle : « **Concrètement, le fascisme est le seul mouvement qui ait restauré les principes traditionnels de l'économie politique.** »

Des principes traditionnels qui ne sont autres que ceux de saint Thomas d'Aquin, et, plus généralement, de la philosophie politique réaliste.

9. Démocratie et nation

Les individus forment des ordres, selon les catégories d'intérêts ; ils sont syndiqués selon les diverses activités économiques coïntéressées ; mais ils sont, avant tout et surtout, l'État. Celui-ci n'est ni le nombre ni la somme des individus formant la majorité d'un peuple. Le fascisme est par là opposé à la démocratie qui assimile le peuple au plus grand nombre d'individus et le rabaisse à ce niveau. Il est cependant la forme la plus pure de la démocratie. Du moins, si le peuple est conçu, ainsi qu'il doit l'être, sous l'aspect qualificatif et non quantitatif, s'il signifie l'idée la plus puissante parce que la plus morale, la plus cohérente, la plus vraie qui s'incarne dans la multitude, comme conscience et volonté d'un petit nombre ou même d'un seul, tel un idéal qui tend à se réaliser dans la conscience et dans la volonté de tous ceux qui, en vertu de la nature ou de l'histoire, forment ethniquement une nation, suivent la même ligne de développement et de formation spirituelle, ont une seule et même conscience et une seule volonté. Il ne s'agit ni de race, ni d'une région géographique déterminée, mais d'un groupement qui se perpétue historiquement, d'une multitude unifiée par une idée qui est une volonté d'existence et de puissance : idée que nous appellerons aussi conscience de soi, ou personnalité.

« Les individus forment des ordres, selon les catégories d'intérêts ; ils sont syndiqués selon les diverses activités économiques coïntéressées […]. »

On a souvent reproché au fascisme d'avoir voulu supprimer tout corps intermédiaire entre l'individu et l'État. Ce reproche s'avère infondé, puisqu'au contraire le fascisme s'est fait le défenseur — doctrinalement et historiquement — des corps intermédiaires. Il a toujours admis que la société était composée de multiples ordres (II, 7. Les mensonges de la démocratie), et a de surcroît prôné et mis en place un système corporatif (I,

8. Antisocialisme et corporatisme), tel que celui qui existait dans l'Ancien Régime et qu'ont encouragé les encycliques papales (*Rerum novarum*, *Quadragesimo anno*).

★

« Mais ils [*les individus*] sont, avant tout et surtout, l'État. »

Par « État », il est clair que Mussolini n'entend pas ici l'institution étatique, mais la chose publique, la Cité. Ce qu'il veut donc dire, c'est que les individus qui composent un peuple, bien qu'ils fassent partie de corps intermédiaires multiples, appartiennent cependant à une seule Cité, et que cette appartenance à la Cité est première dans l'ordre de la nature (« avant tout ») et dans celui de la perfection (« surtout ») par rapport à l'appartenance aux divers corps sociaux, y compris à la famille.

Or cela est tout à fait conforme à l'enseignement d'Aristote et de saint Thomas à sa suite :

« La Cité est première selon la nature et la perfection par rapport à la famille et à l'individu. La raison est la suivante. Le tout est premier par rapport à la partie, selon l'ordre de la nature et de la perfection. […] Car, si l'homme en tant que substance est détruit, le pied ne demeure plus, ni la main, si ce n'est de manière équivoque, au sens où on pourrait appeler une pierre "main". Et ceci parce qu'une telle partie est corrompue si le tout est corrompu. Or ce qui est corrompu ne conserve pas sa nature, d'où il tient sa définition. Il est donc clair que l'essence, simplifiée par le nom, ne demeure plus, lequel est alors attribué de manière équivoque. Et que la partie est corrompue si le tout est corrompu, on peut le montrer par le fait que toute partie est définie par son opération, et par sa vertu opérative. Le pied est défini comme organe de la marche. En conséquence, du fait qu'il n'est plus apte à cette fonction, il n'est plus le même spécifiquement ; ce qui reste du pied dans un cadavre est dit pied de manière équivoque. […]

« Il est donc évident que le tout est naturellement premier par rapport aux parties, bien que les parties soient premières

dans l'ordre de la génération. Or chacun des hommes est à la Cité tout entière comme les parties de l'homme sont à l'homme tout entier. Car, de même que la main ou le pied ne peuvent être sans l'homme, ainsi l'individu ne peut de soi se suffire pour vivre séparé de la Cité. [...] Il suit des prémisses que la Cité est première selon la nature par rapport à l'individu » (saint Thomas, *Comm. Pol.*, I, II, 38-39).

Mais si la Cité est première par rapport à l'individu et à la famille dans l'ordre de la nature, en tant que l'individu et la famille en sont les parties naturelles, elle est aussi première par rapport aux corps intermédiaires qui en sont les parties.

Et dans la mesure où ce qui est premier dans l'ordre de la nature, ou de l'être, l'est aussi dans l'ordre de la perfection, ou du bien (l'être et le bien étant des transcendantaux, plus une chose *est*, plus elle est *bonne*), il s'ensuit que la Cité est plus parfaite que les corps sociaux qui la composent, et que l'appartenance à la Cité prime — en droit — sur l'appartenance à ces mêmes corps sociaux.

Aussi est-il conforme au thomisme intègre de déclarer que les individus, bien qu'ils soient répartis en ordre et en corps intermédiaires, appartiennent, avant tout et surtout, à l'État ou à la Cité dont ils sont les membres.

★

« Celui-ci [*le peuple*] n'est ni le nombre ni la somme des individus formant la majorité d'un peuple. Le fascisme est par là opposé à la démocratie qui assimile le peuple au plus grand nombre d'individus et le rabaisse à ce niveau. »

Là encore, on ne peut trouver d'affirmation plus « réaliste ».

En effet, un tout, s'il est mathématiquement réductible à la somme de ses parties, ne l'est pas ontologiquement. Car les parties sont au tout ce que la matière est à la substance, et qu'une substance n'est pas faite seulement de matière première, mais aussi d'une forme substantielle, qui donne à la matière un ordre, et par-là une nature ; sans quoi un corps serait réductible à un tas de membres, ou — analogiquement — une maison à un tas de briques, ce qui est absurde. Pour qu'il y ait réellement un tout, il est nécessaire qu'il y ait des parties, mais aussi un ordre entre ces parties.

De sorte que la Cité ne peut être réduite aux hommes qui la composent, et que ces derniers ne peuvent être considérés isolément, comme des entités indépendantes, sans relation.

Les hommes sont unis entre eux, dans une Cité, par une histoire, une culture et une destinée communes ; en somme, par un amour partagé de tous qui les unit (« **l'amour est force d'union** », saint Thomas, *Somme théologique*, I, 60, 4).

Un État ne se réduit pas à une collection d'individus. Un État, c'est avant tout une nation.

★

« Le peuple [...] : l'idée la plus puissante parce que la plus morale, la plus cohérente, la plus vraie qui s'incarne dans la multitude, comme conscience et volonté d'un petit nombre ou même d'un seul, tel un idéal qui tend à se réaliser dans la conscience et dans la volonté de tous ceux qui, en vertu de la nature ou de l'histoire, forment ethniquement une nation, suivent la même ligne de développement et de formation spirituelle, ont une seule et même conscience et une seule volonté. [...] un groupement qui se perpétue historiquement, d'une multitude unifiée par une idée qui est une volonté d'existence et de puissance [...]. »

Ainsi, le peuple, dans une perspective fasciste, ne doit pas être entendu telle une collection d'individus, mais comme une nation, c'est-à-dire comme la conscience et la volonté d'une multitude unie par une histoire, une culture et une destinée communes ; comme une « **unité de destin dans l'Universel** » (José Antonio Primo de Rivera), comme la **conscience de cette unité** et la **volonté de la faire vivre**.

Or, si la race, ou l'ethnie, est le substrat matériel de la nation, la culture en est le constitutif formel.

La culture, c'est une Idée : une Idée de la nature humaine. Concrètement, c'est un ensemble de mœurs, de traditions et de coutumes, qui constituent un patrimoine partagé par les individus d'un même peuple.

« **Elles [***les mœurs, les traditions et les coutumes d'une nation, ainsi que les institutions qui les font vivre***] constituent vraiment un patrimoine commun.** Parce que, tout d'abord, il n'y a que la collaboration, que la force collective qui puisse donner naissance à de pareils outils de progrès. Ensuite, parce qu'elles partagent avec l'ordre du droit et de la vertu le caractère de causes universelles et durables de prospérité commune. Elles sont toujours là, comme des facilités offertes à la nation, comme un service organique de personnes, de choses et de valeurs. Chacun, pourvu qu'il veuille s'y soumettre, peut en tirer un considérable accroissement de perfection.

« **Est-il besoin d'ajouter que ce sont elles qui sont surtout responsables du mode particulier que revêt le Bien commun de chaque nation ? Enracinées dans l'âme du peuple, elles témoignent de ses conditions géographiques et économiques, de sa mentalité, de son degré de civilisation, de sa trempe morale, de son avancement intellectuel et artistique, bref de son climat général de culture. Au surplus, elles sont des incarnations, des matérialisations de la vie. Plus on se rapproche de la matière, plus on accède à la cause de la limitation et de l'individuation de l'esprit. Encore, étant donné qu'elles sont des instruments, des moyens, elles sont ce qui vient en tout premier sur le plan de l'exécution. Elles sont donc ce qui participe dans la plus grande mesure au mode concret et contingent de la vie** » (Père Louis Lachance, *L'Humanisme politique de saint Thomas d'Aquin*, p. 247-248).

Les membres d'une Cité ne sont pas seulement unis entre eux par des intérêts similaires, ou par le lieu qu'ils habitent, mais aussi et surtout par une tradition commune. Une unité qui serait purement matérielle et utilitaire, sans communion à un héritage culturel commun, rendrait précaire voire inexistante l'unité de la Cité et ainsi la Cité elle-même. La Cité ne peut reposer sur une convergence fragile d'intérêts matériels. Elle doit s'appuyer, pour être réellement vivante, sur l'unité culturelle du peuple, sur sa tradition, sa langue et ses valeurs ; en somme, sur la nation.

Le philosophe thomiste Thomas Molnar disait très justement : « Il est essentiel qu'au début de notre existence nous soyons façonnés par *un seul* milieu culturel ; autrement nous devenons des apatrides de la pensée, sans identité propre » (*L'Américanologie*, p. 79).

Ce qui vaut à l'échelle individuelle vaut à l'échelle collective : **sans une identité culturelle unique, sans un esprit national collectif — c'est-à-dire une Idée de la nation qui soit partagée de tous —, une société ne peut être réellement organique, vivante. Et sans organicité réelle, une société meurt.**

Ce fut — malheureusement — le cas de la société d'Ancien Régime, qui, quasiment privée de conscience et de volonté collectives, finit par s'effondrer.

10. Conception de l'État

*Cette personnalité supérieure s'identifie avec la nation en tant qu'État. **Ce n'est pas la nation qui crée l'État**, comme dans la vieille conception naturaliste, qui servait de base aux études des publicistes des États nationaux du XIXe siècle. **Au contraire, la nation est créée par l'État, qui donne au peuple, conscient de sa propre unité morale, une volonté, et par conséquent une existence effective.** Le droit d'une nation à l'indépendance n'est pas fondé sur la conscience littéraire et idéale de sa propre existence, et moins encore sur une situation de fait plus ou moins inconsciente et inerte, mais [il est fondé] sur une conscience active, sur une volonté politique agissante et prête à démontrer son droit : c'est-à-dire sur une sorte d'État déjà « in fieri ». L'État, en tant que volonté éthique universelle, crée le droit.*

« Ce n'est pas la nation qui crée l'État. »

La nation est analogiquement à l'État, pour la société politique, ce que la matière est à la forme pour un composé hylémorphique, ou ce que le corps est à l'âme pour un animal ; car, de même que le principe d'unité d'un composé est la forme, et que celui d'un animal est l'âme, de même le principe d'unité de la nation est l'État.

En effet, « **les hommes étant nombreux et chacun pourvoyant à son bien particulier, leur société se désagrégerait s'il n'y avait un principe pourvoyant au bien de cette multitude ; de même que le corps de l'homme ou d'un animal quelconque se dissoudrait, s'il n'y avait dans ce corps une force directrice [*une âme*] commune tendant au bien commun de tous les membres** » (saint Thomas, *De Regno*, I, 1) ; et le principe directeur ou la forme d'une multitude nationale, c'est précisément ce que l'on appelle l'État.

Or, il est évident que ce n'est pas la matière qui cause la forme, car « la matière première, qui est pure puissance, n'est capable d'être un être naturel que dans la mesure où elle est actualisée par la forme » (saint Thomas, *Somme théologique*, I, 14, 2) ; en effet, **l'être et l'un sont des transcendantaux**, « être, c'est être uni, c'est être un ; n'être pas, c'est ne pas être uni, c'est être multiple » (**Aristote, *Métaphysique*, X**) ; de sorte qu'une nation qui n'est pas unifiée par un État n'est pas une nation proprement dite, car elle n'a même pas l'existence d'une nation.

Par conséquent, il est juste de dire que « ce n'est pas la nation qui crée l'État ».

★

« Au contraire, la nation est créée par l'État, qui donne au peuple, conscient de sa propre unité morale, une volonté, et par conséquent une existence effective. »

Puisque la nation est à l'État ce que la matière est à la forme, et que c'est « la forme qui actue toute la potentialité de la matière » (*Somme théologique*, I, 9, 2), il est nécessaire d'affirmer que c'est l'État qui créée la nation ; ou, pour le dire autrement, que c'est l'État qui donne à la nation — c'est-à-dire au peuple en tant qu'il est conscient de son unité de destin — une existence réelle, effective.

Et cela, l'État le fait en incarnant la volonté objective de la multitude, c'est-à-dire la volonté de la nature humaine que tous les membres de la nation partagent.

★

« Le droit d'une nation à l'indépendance [...] est fondé sur une conscience active, sur une volonté politique agissante et prête à démontrer son droit : c'est-à-dire sur une sorte d'État déjà "*in fieri*". »

De même que la puissance ou le droit d'une matière à recevoir une forme est fondé sur une certaine disposition de la matière — une disposition adéquate à la forme désirée —, de même la nation doit-elle avoir une conscience *active* d'elle-même, c'est-à-dire une volonté *prête à agir*, pour avoir le droit d'exister en tant que communauté politique, c'est-à-dire en tant que communauté d'*action*.

Pour le dire autrement, il faut qu'il y ait déjà un État en puissance — ou « *in fieri* » — dans la nation qui aspire à exister, pour qu'elle ait effectivement le droit d'exister. Il faut que la nation ne soit pas à l'état de matière première, mais déjà à celui de matière signée. C'est en effet « la matière *signée d'une quantité* qui est le principe de l'individuation » (*Somme théologique*, I, 75, 4) ; de sorte que c'est une certaine réalisation de la nation qui fonde son droit à l'indépendance. S'il est vrai que l'État n'est pas créé par la nation, on peut cependant affirmer qu'il en est éduit.

★

« L'État, en tant que volonté éthique universelle, crée le droit. »

L'État est la plus parfaite réalisation à l'échelle collective de la nature humaine, ou, si l'on préfère, la réalisation la plus achevée de la nature humaine, en tant que nature politique ; de sorte qu'il incarne la volonté objective des personnes qui le composent, c'est-à-dire la volonté de leur nature universelle.

Or, la cause ou la raison du droit — entendu comme l'ordonnance naturelle qui détermine ce qui revient à chaque personne — n'est autre que la nature humaine.

Par conséquent, il est tout à fait juste de dire que « l'État crée le droit ».

11. Un État éthique

La nation, en tant qu'État, est une réalité éthique, qui existe et vit dans la mesure où elle se développe. Pour elle, s'arrêter, c'est mourir. L'État n'est donc pas seulement une autorité qui gouverne et donne une forme légale et une valeur de vie spirituelle aux volontés individuelles ; *il est aussi une puissance qui fait valoir sa volonté à l'extérieur, en la faisant reconnaître et respecter, c'est-à-dire en démontrant, par les faits, son universalité dans toutes les manifestations nécessaires de son développement.* De là, une organisation et une expansion, au moins virtuelle. *L'État peut ainsi être assimilé à la nature de la volonté humaine, qui ne connaît pas de limites à son développement et prouve son infinité en se réalisant.*

« La nation, en tant qu'État, est une réalité éthique, qui existe et vit dans la mesure où elle se développe. Pour elle, s'arrêter, c'est mourir. »

L'État, dans la doctrine du fascisme, n'est pas seulement une institution ; c'est aussi et avant tout une réalité organique, c'est-à-dire une réalité qui vit — au moins de manière analogique.

En effet, la vie, pour saint Thomas, est le mode d'existence de ce qui *se* meut *par soi* : « On appellera vivants tous les êtres qui se déterminent eux-mêmes à un mouvement ou à un agir quelconque » (*Somme théologique*, I, 18, 1). **Le vivant, c'est donc l'être dont le mouvement est spontané en son principe et immanent en son terme** ; pour le dire en termes philosophiques, c'est l'être dont la cause efficiente opérative est sa cause formelle, et dont la cause finale est son propre bien.

Or, l'État est un tout moral. Et un tout moral est un tout composé d'individus raisonnables (cause matérielle éloignée) unis dans leur action par une autorité (cause formelle en tant que principe d'unité des personnes, cause efficiente en tant que principe de leur action commune), en vue d'un bien commun (cause finale). C'est donc un tout qui *se* meut, c'est-à-dire dont le terme du mouvement, ou de l'action, est immanent à lui, puisque ce terme n'est autre que son propre bien ; et c'est en outre un tout qui se meut *par soi*, c'est-à-dire dont le principe du mouvement est intrinsèque, puisque c'est sa cause formelle qui en est le principe. Et c'est donc, analogiquement, un tout qui possède une vie.

Par conséquent, l'État ou la communauté politique, qui est un tout moral, « une réalité éthique », est par-là même une réalité organique.

Mais un vivant n'est vivant que dans la mesure où il se meut par lui-même : « Dès qu'un vivant n'a plus qu'une motion étrangère, on dit qu'il est mort par défaut de vie » (*Somme théologique*, I, 18, 1). Et, « pour un être vivant, vivre, c'est être » (I, 18, 2). De sorte qu'une réalité organique existe dans la mesure même où elle est actuellement organique, c'est-à-dire où elle se meut par ses propres forces.

Par conséquent, il semble tout à fait juste de dire que la communauté politique, qui est une réalité vivante, « existe dans la mesure où elle se développe », et que « pour elle, s'arrêter, c'est mourir ».

★

« Il [*l'État*] est aussi une puissance qui fait valoir sa volonté à l'extérieur, en la faisant reconnaître et respecter, c'est-à-dire en démontrant, par les faits, **son universalité** dans toutes les manifestations nécessaires de son développement. »

Parce que l'État ou la communauté politique est, en tant que « communauté parfaite » (saint Thomas, *De Regno*, I, 1), l'individuation à l'échelle collective de la nature humaine, ou, si l'on préfère, l'individuation de la nature humaine en tant que nature politique, il est dans la nature d'un État de se vouloir universel, et, par-là même, de tout faire pour s'universaliser — au moins spirituellement, c'est-à-dire culturellement.

L'aspiration d'un État à l'empire est donc une chose naturelle et bonne, et un signe de vitalité, comme nous aurons l'occasion de le revoir (II, 13. Empire et discipline).

★

« L'État peut ainsi être assimilé à la nature de la volonté humaine, qui ne connaît pas de limites à son développement et prouve son infinité en se réalisant. »

Parce que l'État est une individuation de la nature humaine, et que la nature de l'homme, c'est sa conscience et sa volonté, l'État peut être analogiquement dit conscience et volonté. Il est pour ainsi dire la volonté objective de l'ensemble des personnes qui le composent, c'est-à-dire la volonté de leur nature humaine.

Et cette volonté collective est en quelque sorte infinie, puisqu'elle est la réalisation de la volonté humaine, et que cette dernière est *par nature* faite pour l'Infini, pour l'Universel ; en effet, « **la volonté s'étend au bien dans son universalité ; car son objet propre est le bien universel, comme l'objet de l'intelligence est l'être universel** » (*Somme théologique*, I, 105, 4).

L'action de l'État — dans son ordre propre, qui est l'ordre naturel — n'a donc pas de « limites ».

12. Contenu de l'État

L'État fasciste, qui est la forme la plus élevée et la plus puis-sante de la personnalité, est une force mais une force spirituelle, une force qui résume toutes les formes de la vie morale et intellec-tuelle de l'homme. On ne peut donc pas le limiter à de pures fonc-tions d'ordre et de protection, comme le voulait le libéralisme. Ce n'est pas un simple mécanisme qui limite la sphère des soi-disant libertés individuelles. C'est une forme, une règle intérieure et une discipline de l'être tout entier : elle pénètre, la volonté comme l'intelligence. Son principe — inspiration centrale de la person-nalité humaine vivant en communauté civile — pénètre au plus intime de l'individu et dans le cœur de l'homme d'action comme du penseur, de l'artiste comme du savant : c'est l'âme de chaque âme.

« L'État fasciste, qui est la forme la plus élevée et la plus puis-sante de la personnalité, est une force mais une force spirituelle, une force qui résume toutes les formes de la vie morale et intel-lectuelle de l'homme. »

L'État, comme nous l'avons vu, est la réalisation la plus achevée de la nature humaine. Il est en effet la « communauté parfaite » (saint Thomas, *De Regno*, I, 1) ; or c'est seulement dans la communauté ou la vie commune que toutes les virtuali-tés de la nature humaine se réalisent, puisque l'homme est essentiellement social et politique ; de sorte que l'État est la plus parfaite réalisation de la nature humaine.

Et, par conséquent, il est aussi la réalisation de l'esprit humain, de l'intelligence et de la volonté ; il est « la force qui résume toutes les formes de la vie morale et intellectuelle de l'homme ».

Il est la force de la vie collective, et par-là même, de la vie individuelle de chaque personne, puisque cette dernière n'a de valeur que comprise dans la vie collective.

★

« On ne peut donc pas le limiter [*l'État*] à de pures fonctions d'ordre et de protection, comme le voulait le libéralisme. Ce n'est pas un simple mécanisme qui limite la sphère des soi-disant libertés individuelles. »

Voilà qui est conforme à l'enseignement de saint Thomas, pour qui l'autorité politique est responsable du Bien commun, ou de l'unité de tous les membres de la communauté politique dans la vie vertueuse — et non simplement de la sécurité et du droit des individus :

« Il est évident que la fin d'une multitude réunie en société est de vivre selon la vertu : en effet, les hommes se réunissent pour bien vivre ensemble, but que ne peut atteindre l'homme isolé ; or, bien vivre, c'est vivre selon la vertu ; donc **la fin de la société humaine est la vie selon la vertu** » (*De Regno*, II, 3) ; or, c'est l'État qui a charge du Bien commun de la Cité ; de sorte que l'État doit s'attacher à rendre tous les citoyens vertueux, par tous les moyens possibles. L'État, on peut le dire, est responsable du bonheur des citoyens.

On voit ici la noblesse de l'autorité politique, qui, comme l'indique l'étymologie du terme « autorité », a pour fin de faire croître les citoyens dans l'agir vertueux, c'est-à-dire dans l'agir selon la nature humaine, qui est nature rationnelle. C'est l'État qui permet aux individus d'actualiser leur nature, et, par-là, d'accéder au bonheur véritable.

Et c'est de surcroît ce qui est enseigné par le magistère de l'Église :

« **Afin d'assurer cette collaboration organique et cette tranquille harmonie [de la société], la doctrine catholique revendique pour l'État la dignité et l'autorité** » (Pie XI, *Divini Redemptoris*).

★

« C'est une forme, une règle intérieure et une discipline de l'être tout entier : elle pénètre, la volonté comme l'intelligence. Son principe — inspiration centrale de la personnalité humaine vivant en communauté civile — pénètre au plus intime de l'individu [...] : c'est l'âme de chaque âme. »

Voilà qui semble, encore une fois, parfaitement conforme à l'enseignement du Docteur angélique :

« De même qu'en chaque homme l'âme régit le corps [...], toute multitude doit avoir un principe directeur » (*De Regno*, I, 1) ; or le principe directeur d'une multitude nationale, ou d'un peuple, c'est l'autorité politique, que l'on appelle État : c'est en effet lui qui a charge du Bien commun.

De sorte que **l'État est comme la forme ou l'âme du peuple, et de chaque personne en tant qu'elle est un membre du peuple ; il est pour ainsi dire « l'âme de chaque âme », il est l'âme de chaque intelligence et de chaque volonté.**

L'État est, en droit, la règle intérieure de tous les individus qui le composent, puisqu'il incarne leur nature, et que la nature est règle d'agir.

Et c'est pourquoi il a non seulement le droit mais aussi le devoir d'imposer une discipline de vie à tous les citoyens.

13. L'autorité

Au total, le fascisme n'est pas seulement législateur et fondateur d'institutions ; il est aussi éducateur et promoteur de vie spirituelle. Il veut refaire non pas les formes de la vie humaine, mais son contenu : l'homme, le caractère, la foi. Et à cette fin, il veut une discipline et une autorité qui pénètrent dans les esprits et y règnent sans partage. C'est pourquoi son insigne est le « faisceau des licteurs », symbole de l'unité, de la force et de la justice.

« Au total, le fascisme n'est pas seulement législateur et fondateur d'institutions ; il est aussi éducateur et promoteur de vie spirituelle. Il veut refaire non pas les formes de la vie humaine, mais son contenu : l'homme, le caractère, la foi. »

L'État n'a pas seulement une fin législative et administrative ; mais il a aussi et surtout une fin proprement spirituelle. Et cette fin, c'est la poursuite du Bien commun politique, de l'unité de la Cité ou de l'amitié dans la vertu (seule l'amitié dans la vertu est d'ailleurs réellement « amitié », car aimer vraiment l'autre, c'est vouloir son bien, et que le plus grand bien de l'homme est la vertu).

Et c'est pourquoi l'État a une fin éducatrice : il doit éduquer les citoyens, c'est-à-dire les mener au sommet de la vertu, non seulement lorsqu'ils sont enfants — par le moyen de l'éducation nationale —, mais encore tout au long de leur vie — par le service militaire obligatoire, le système corporatif, et l'engagement de tous au service de la chose publique, qui est la plus grande des vertus naturelles.

« On ne compte comme membres d'une même Cité ceux-là seuls qui, sous les mêmes lois et sous le même État, sont dirigés vers une vie selon la vertu » (saint Thomas, *De Regno*, II, 3).

★

« Il [*le fascisme*] veut refaire non pas les formes de la vie humaine, mais son contenu : l'homme, le caractère, la foi. »

On a souvent interprété ces paroles comme exprimant une volonté révolutionnaire de « créer » un « homme nouveau » en s'affranchissant des lois de la nature.

Mais, vu ce qui a été dit précédemment, il semble au contraire que Gentile, par ces mots, n'entende rien d'autre que *reformer* l'homme, c'est-à-dire le former tel que la nature l'a naturellement formé, au rebours de la Révolution qui l'a *déformé*.

Reformer l'homme, en lui redonnant son caractère et sa foi, sa force de volonté, et sa croyance en une « loi supérieure » et en une « volonté objective », c'est-à-dire en Dieu (I, 5. Conception religieuse). Loin d'être révolutionnaire, le fascisme est, en ce sens, profondément réactionnaire.

★

« Et à cette fin, il [*le fascisme*] veut une discipline et une autorité qui pénètrent dans les esprits et y règnent sans partage. »

Parce que l'autorité est nécessaire pour élever l'ensemble des membres d'une communauté à la vertu (*De Regno*, I, 1), le fascisme veut que l'État soit autoritaire, c'est-à-dire qu'il revendique son autorité et qu'il l'impose à tous — de gré ou de force ; de sorte que tous les individus obéissent avec discipline aux injonctions de l'État, et qu'ils parviennent, grâce à ce même État, à l'unité du corps social et à la pratique commune de la vertu.

Et c'est la raison pour laquelle le fascisme n'hésite pas à se dire autoritariste.

★

« C'est pourquoi son insigne est le "faisceau des licteurs", symbole de l'**unité**, de la **force** et de la **justice**. »

Unité, force, justice : voilà trois mots qui résument bien l'essence du fascisme.

L'État fasciste veut être *juste*, c'est-à-dire qu'il veut rendre à chaque citoyen ce qui lui est dû — selon la règle du mérite et du démérite —, afin de garantir le *droit*.

Il veut aussi être *fort*, c'est-à-dire être en capacité de réprimer les ennemis de l'intérieur, et de faire la guerre aux ennemis de l'extérieur, afin d'assurer l'*ordre* nécessaire à la préservation de la Cité.

Enfin, et surtout, il se veut *un*, en n'acceptant aucune espèce d'« État dans l'État », afin de rassembler tous les membres de la Cité dans une seule et même *unité* ; une unité qui mène tous les citoyens, dans un esprit collectif d'émulation mutuelle et bienveillante, à la perfection de la vertu.

Or, le droit, l'ordre et l'unité de la Cité sont précisément, d'après saint Thomas, les constituantes du Bien commun politique :

« Si les lois sont justes ou conformes au **droit**, elles ont force d'obligation. […] Or, on dit que les lois sont justes quand elles sont ordonnées au **Bien commun** » (*Somme théologique*, I-II, 95, 4) ;

« Il existe des préceptes impliquant précisément la sauvegarde du **Bien commun** ou de l'**ordre** […] ; mentionnons par exemple, dans une Cité, le précepte interdisant de renverser l'État ou de livrer la ville aux ennemis » (*ibid.*, I-II, 100, 8) ;

« La sédition s'oppose à l'unité de la multitude, c'est-à-dire à l'unité du peuple, ou à l'**unité de la Cité**. […] Ainsi, la sédition s'oppose au **Bien commun** » (*ibid.*, II-II, 42, 2).

L'État fasciste, modèle de justice, de force et d'unité, ne fait rien d'autre que rechercher le Bien commun.

Chapitre deuxième

DOCTRINE POLITIQUE ET SOCIALE

(Benito Mussolini)

1. Contre le pacifisme : la guerre et la vie comme devoir

*Avant tout, le fascisme, en ce qui concerne, d'une manière générale, l'avenir et le développement de l'humanité — et abstraction faite de toute considération de politique actuelle — **ne croit ni à la possibilité ni à l'utilité de la paix perpétuelle. Il repousse le pacifisme, qui cache une fuite devant la lutte et une lâcheté devant le sacrifice. La guerre, seule, porte au maximum de tension toutes les énergies humaines et imprime une marque de noblesse aux peuples qui ont le courage de l'affronter. Toutes les autres épreuves ne sont que secondaires et ne placent jamais l'homme en face de lui-même, dans l'alternative de la vie et de la mort.** Par conséquent, une doctrine basée sur le postulat de la paix, n'est pas plus conforme au fascisme, que ne le sont à l'esprit du fascisme — même si elles sont acceptées pour la part restreinte d'utilité qu'elles peuvent avoir dans des situations politiques particulières — toutes les constructions internationales qui — l'histoire le démontre — sont emportées par le vent, **quand le sentiment, l'idéal ou l'intérêt suscitent la tempête dans le cœur des individus.***

*L'orgueilleuse devise des formations d'assaut : « **Me ne frego** » (Je m'en fous), écrite sur le pansement d'une blessure, est non seulement une profession de philosophie stoïque et le résumé d'une doctrine politique, mais aussi l'entraînement à la lutte, l'acceptation des risques qu'elle comporte ; c'est un style nouveau de vie italienne. C'est pourquoi le fascisme accepte et aime la vie, ignore le suicide et y voit une lâcheté ; c'est pourquoi il comprend la vie comme un devoir, une élévation, une conquête : la vie doit être haute et pleine, vécue pour elle-même, mais surtout pour les autres, proches et lointains, présents et futurs.*

« Le fascisme [...] ne croit ni à la possibilité ni à l'utilité de la paix perpétuelle. Il repousse le pacifisme, qui cache une fuite devant la lutte et une lâcheté devant le sacrifice. »

Le fascisme ne croit pas à la possibilité de la paix perpétuelle, d'abord parce qu'il est réaliste et que l'histoire est faite de guerres ; ensuite, parce qu'il comprend qu'il est dans la nature même d'une communauté politique de chercher à s'universaliser, au prix, s'il le faut, de la destruction de la culture voisine ; de sorte que l'homme aurait probablement été amené à faire la guerre même dans un état de pure nature non peccamineux. « Le sentiment, l'idéal ou l'intérêt » des peuples les conduisent presque nécessairement à la guerre.

Le fascisme ne croit pas non plus à l'utilité de la paix perpétuelle, parce qu'il croit en la bonté de la guerre, comme on le verra bientôt.

Et il condamne par conséquent le pacifisme — qui est au fond « une fuite devant la lutte » et « une lâcheté devant le sacrifice » — car il comprend que la lutte est un devoir moral pour chaque homme : « **Il est nécessaire que l'âme souffre difficultés et combats pour atteindre certains biens ou éviter certains maux** » (saint Thomas, *Somme théologique*, I-II, 23, 1), et que le sacrifice de soi pour la Cité est un devoir de justice pour chaque citoyen : « **Toutes les parties sont ordonnées à la perfection du tout : le tout n'est pas pour les parties, mais les parties pour le tout** » (saint Thomas, *Somme contre les Gentils*, III, 112).

★

« La guerre, seule, porte au maximum de tension toutes les énergies humaines et imprime une marque de noblesse aux peuples qui ont le courage de l'affronter. Toutes les autres épreuves ne sont que secondaires et ne placent jamais l'homme en face de lui-même, dans l'alternative de la vie et de la mort. »

Le fascisme connaît la bonté de la guerre.

D'abord, il comprend — à la suite de saint Thomas — que la guerre est juste dès lors qu'elle est commandée par le chef d'État et qu'elle se propose pour fin de réparer une injustice :

« Puisque le soin des affaires publiques a été confié aux chefs d'État, c'est à eux qu'il appartient de veiller au bien public de la Cité, du royaume ou de la province soumis à leur autorité. De même qu'ils la défendent légitimement par le glaive contre les perturbateurs du dedans quand ils punissent les malfaiteurs [...], de même aussi il leur appartient de défendre le bien public par le glaive de la guerre contre les ennemis du dehors. [...]

« Il est en outre requis que l'on attaque l'ennemi en raison de quelque faute. C'est pourquoi saint Augustin écrit : "On a coutume de définir guerres justes celles qui punissent les injustices quand il y a lieu, par exemple de châtier un peuple ou une Cité qui a négligé de punir un tort commis par les siens, ou de restituer ce qui a été enlevé de manière injuste" » (*Somme théologique*, II-II, 40, 1).

La guerre n'est donc pas un mal en soi, puisqu'elle peut être juste. Ce qui est un mal, ce n'est pas la guerre, mais la passion déréglée qui, parfois, s'y invite : « Le désir de nuire, la cruauté dans la vengeance [et non la vengeance elle-même], la violence et l'inflexibilité de l'esprit, la passion d'orgueil et autres choses semblables, voilà ce qui dans les guerres est jugé coupable par le droit » (saint Augustin, cité par saint Thomas dans l'article susmentionné).

Mais le fascisme ne s'arrête pas là : il comprend que la guerre a une bonté essentielle, dans la mesure où elle est la seule épreuve à actualiser pleinement toutes les virtualités de la nature humaine, en particulier la vertu de force.

La force, d'après saint Thomas, a une importance éminente : elle est le moteur de la vie morale, en tant que vertu par excellence de la volonté — qui est le principe de la vie morale. « **La force, considérée comme une certaine fermeté de l'âme, est la vertu en général, ou plutôt la condition générale de toute vertu** » (*ibid.*, II-II, 123, 2).

Saint Thomas dit même, à la suite de saint Ambroise, que la force est sous un certain rapport la vertu la plus importante : « Saint Ambroise dit que **"la force est comme la plus haute de toutes les vertus"** [...]**, sous le rapport de l'utilité commune, à savoir celle qu'elle présente dans la guerre, dans les difficultés de la vie domestique et celles de la vie civile** [qui sont les principales épreuves de la vie] » (*ibid.*, II-II, 123, 12).

Or c'est dans les grandes épreuves, et en particulier à la guerre, où l'on risque sa vie, que se manifeste la force :

« **Aristote dit que la force s'exerce au maximum à propos de la mort à la guerre. En effet** [...]**, la force confirme l'esprit humain contre les plus grands dangers, qui sont les dangers de mort. Mais parce que la force est vertu, il appartient à sa nature de toujours tendre au bien, et il s'ensuit que si l'homme ne s'enfuit pas devant les dangers mortels, c'est pour obtenir un certain bien. Or les dangers mortels qui viennent de la maladie, de la tempête, ou de l'assaut des bandits, ne paraissent pas menacer quelqu'un directement parce qu'il poursuit un bien. Mais les périls mortels qu'on affronte à la guerre menacent l'homme directement à cause d'un bien, parce qu'il défend le Bien commun par une guerre juste.** [...]

« **Par conséquent, il faut affirmer que la force concerne spécifiquement les périls mortels qu'on affronte à la guerre** » (*ibid.*, II-II, 123, 5).

D'où la nécessité et la bonté de la guerre pour le fascisme.

★

« L'orgueilleuse devise des formations d'assaut : "*Me ne frego*" (Je m'en fous), écrite sur le pansement d'une blessure, est non seulement une profession de philosophie stoïque [...], mais aussi l'entraînement à la lutte, l'acceptation des risques qu'elle comporte. »

Pour le fasciste, l'homme aurait eu à souffrir même dans un état de pure nature non peccamineux. Il ne conçoit pas la souffrance comme une conséquence par soi du péché originel, mais comme une chose naturelle à l'homme, de laquelle ce dernier était exempt au paradis terrestre seulement par don gratuit : **« L'immortalité et l'impassibilité de l'état primitif ne dépendaient pas des conditions naturelles de la matière, mais bien de la justice originelle »** (*Somme théologique*, I, 81, 5).

Et **puisque la souffrance est chose naturelle, qu'elle s'impose à l'homme, alors il se doit de la supporter stoïquement.**

Mais le fascisme comprend aussi qu'il est nécessaire à l'homme de lutter contre les maux qu'il peut vaincre, à savoir les maux dont il est lui-même l'origine. Et c'est pourquoi le fasciste fait de la lutte une dimension essentielle de la vie.

S'il est vrai que la force est *sustinere*, c'est-à-dire patience et persévérance, elle est aussi *aggredi*, audace et lutte.

★

« Le fascisme accepte et aime la vie, ignore le suicide et y voit une lâcheté ; c'est pourquoi il comprend la vie comme un devoir, une élévation, une conquête […], vécue pour elle-même, mais surtout pour les autres, proches et lointains, présents et futurs. »

Le fasciste voit dans la vie avant tout un devoir envers soi-même.

Et ce devoir a pour principe l'estime de soi, qui est naturelle et bonne : « **Tout être s'estime naturellement ; de là vient qu'il s'efforce, selon cette sorte d'estime innée, de se conserver dans l'existence, et de résister autant qu'il le peut à ce qui pourrait le détruire** » (*Somme théologique*, II-II, 64, 5).

Mais, l'homme étant doté de libre arbitre, le fasciste comprend que la véritable dignité de l'homme consiste dans la dignité *morale*, c'est-à-dire dans la rectitude de l'agir, dans la vertu. C'est aussi pourquoi le fasciste voit dans la vie une conquête : précisément, la conquête de sa dignité morale, de son honneur. Le fascisme voit dans l'homme d'honneur l'homme accompli.

Pour rappel, l'honneur, d'après saint Thomas, est une chose tout à fait louable : c'est la rectitude de la volonté, l'état intérieur de celui qui agit toujours vertueusement : « **La conduite extérieure a raison de bien honorable selon qu'elle traduit la rectitude intérieure. Donc l'honneur se trouve radicalement dans le choix intérieur, bien qu'il soit signifié dans la conduite extérieure** » (*ibid.*, II-II, 145, 1).

Or, puisque se conserver dans l'existence est un devoir envers soi-même, et que le véritable honneur consiste dans la dignité morale, il en résulte que l'homme d'honneur fait toujours en sorte de se maintenir en vie.

Mais le fasciste voit également dans la vie un devoir de justice envers les autres, envers la société politique.

Car la vie du citoyen en tant que citoyen doit être vécue au service de la Cité : « **L'homme tout entier est ordonné comme à sa fin à la communauté entière dont il fait partie** » (*ibid.*, II, II, 65).

Et c'est pourquoi le fascisme méprise le suicide, en lequel il ne discerne rien d'autre qu'une lâcheté envers soi-même, ainsi qu'une trahison à l'égard de la société.

D'abord, une lâcheté, un déshonneur :

« Tout être s'estime naturellement ; de là vient qu'il s'efforce, selon cette sorte d'estime innée, de se conserver dans l'existence, et de résister autant qu'il le peut à ce qui pourrait le détruire. C'est pourquoi **le suicide va contre cette tendance de la nature, et contre l'estime que chacun doit garder pour lui-même**. »

Ensuite, une trahison envers la société, une injustice :

« La partie, en tant que telle, est quelque chose du tout. Or chaque homme est dans la société comme une partie dans un tout ; ce qu'il est appartient donc à la société. **Par le suicide, l'homme se rend donc coupable d'injustice envers la société à laquelle il appartient** […] » (*ibid.*, II-II, 64, 5).

On voit là, une fois de plus, l'accord du fascisme et du thomisme, qui sont tous deux une « philosophie de la vie ».

2. La politique démographique et notre « prochain »

La politique « démographique » du Régime est la conséquence de ces prémisses. **Le fasciste aime son « prochain », mais ce « prochain » n'est pas pour lui une idée vague et insaisissable : l'amour du « prochain » ne supprime ni les sévérités éducatrices nécessaires ni, à plus forte raison, les distinctions et les distances. Le fasciste repousse les embrassements universels** *; et, tout en vivant dans la communauté des peuples civilisés, il les regarde dans les yeux avec attention et défiance, les suit dans leurs états d'âme et dans l'évolution de leurs intérêts ; il ne se laisse pas duper par des apparences changeantes et trompeuses.*

« Le fasciste aime son "prochain", mais ce "prochain" n'est pas pour lui une idée vague et insaisissable : l'amour du "prochain" ne supprime ni les sévérités éducatrices nécessaires ni, à plus forte raison, les distinctions et les distances. »

Le fasciste aime son prochain, c'est-à-dire qu'il aime les autres hommes — non pas en tant qu'ils sont *autres*, mais en tant qu'ils sont *hommes*, en tant qu'ils partagent la même nature humaine.

Cependant, cet amour n'est pas irrationnel : il demeure conforme aux exigences de l'ordre naturel. Par conséquent, le fasciste aime tous les hommes, mais il aime d'abord ceux qui lui sont proches, en particulier par les liens de la famille, du travail, et de la patrie. Il aime son épouse et ses enfants avant ses voisins, ses voisins avant des inconnus, des inconnus appartenant à la même Cité avant des inconnus originaires d'une autre Cité, etc. Il comprend que les siens passent naturellement avant les autres, qu'il ne saurait y avoir de charité désordonnée.

De plus, l'amour du prochain, qui s'incarne dans la mansuétude, doit être conforme aux exigences de la justice, c'est-à-dire de la règle du mérite et du démérite. Et saint Thomas ne dit pas autre chose : « **La miséricorde ne supprime pas la justice ; mais elle est en quelque sorte une plénitude de la justice** » (*Somme théologique*, I, 21, 3).

Si la miséricorde ne supprime pas la justice, cela veut dire qu'elle la suppose, que la justice est nécessaire pour l'exercice même de la mansuétude. De sorte que « l'amour du "prochain" ne supprime ni les sévérités éducatrices nécessaires ni, à plus forte raison, les distinctions et les distances ».

★

« Le fasciste repousse les embrassements universels. »

Si le fascisme est une idée d'unité, et d'amitié politique, il rejette en revanche l'idée — maçonnique — d'une fraternité universelle qui abolirait toutes les distinctions de sexe, de condition sociale, de nationalité, de culture, de religion, d'intelligence ou de mérite.

Il considère que la seule amitié vraiment possible est l'amitié entre les membres d'une même Cité, et, à la rigueur, celle entre les membres d'un même empire, lorsque celui-ci est composé de plusieurs Cités partageant objectivement la même culture, ainsi que la même religion — car les deux sont inséparables.

Et la raison en est que l'on n'aime vraiment quelqu'un que lorsque l'on partage avec lui un grand nombre de choses. Le bon sens le dit : qui se ressemble s'assemble. Pas d'amitié possible sans une unité réelle de cœurs et de vies.

L'amitié authentique, c'est le « *consensio rerum humanarum et divinarum cum benevolentia et charitate* » (Cicéron, *La République*), l'unité d'intelligence dans les choses humaines et divines, avec bienveillance (amour de la volonté) et charité (amour du cœur).

3. Contre le matérialisme historique et la lutte de classes

Une telle conception de la vie fait du fascisme la négation absolue de cette doctrine, qui constituait la base du socialisme pseudoscientifique ou marxiste : la doctrine du matérialisme historique, selon lequel l'histoire de la civilisation humaine ne s'expliquerait que par les luttes d'intérêts entre les différents groupes sociaux et par la transformation des moyens et instruments de production. Personne ne songe à nier que les faits économiques — découvertes de matières premières, nouvelles méthodes de travail, inventions scientifiques — aient leur importance. Mais prétendre qu'ils suffisent à expliquer l'histoire humaine, à l'exclusion de tous les autres facteurs, est une absurdité : **le fascisme croit encore et toujours à la sainteté et à l'héroïsme, c'est-à-dire aux actions dans lesquelles n'agit aucun motif économique, proche ou lointain.** La négation du matérialisme historique, d'après lequel les hommes ne seraient dans l'histoire que des figurants qui apparaissent et disparaissent à la surface alors que, dans les profondeurs, s'agitent et travaillent les véritables forces directrices, conduit à la négation de la lutte des classes permanente, et inéluctable, conséquence naturelle de cette conception économique de l'histoire, et surtout à la **négation de la lutte des classes considérée comme facteur prépondérant des transformations sociales.** Une fois qu'on a frappé le socialisme dans ces deux principes fondamentaux de sa doctrine, il n'en reste plus que l'aspiration sentimentale — vieille comme l'humanité — à un régime social, dans lequel doivent être soulagées les souffrances et les douleurs des plus humbles. Mais ici, **le fascisme repousse l'idée du « bonheur » économique, qui se réaliserait socialement et presque automatiquement à un moment donné de l'évolution de l'économie, en assurant à tous le maximum de bien-être.** Le fascisme rejette la conception matérialiste d'un « bonheur » possible et l'abandonne aux économistes de la première moitié du XVIIIe siècle ; et **il** *nie par suite l'équation bien-être = bonheur, qui transformerait les hommes en animaux* ne pensant qu'à une seule chose : être nourris et engraissés, c'est-à-dire réduits à une vie purement et simplement végétative.

« Une telle conception de la vie [*une conception spiritualiste*] fait du fascisme la négation absolue de cette doctrine, qui constituait la base du socialisme pseudoscientifique ou marxiste : la doctrine du matérialisme historique, selon lequel l'histoire de la civilisation humaine ne s'expliquerait que par les luttes d'intérêts entre les différents groupes sociaux et par la transformation des moyens et instruments de production. »

Ainsi, le fascisme est « la négation de la lutte des classes considérée comme facteur prépondérant des transformations sociales ». Parce que le fascisme est spiritualiste, il s'oppose au matérialisme dialectique ; il ne croit pas que la matière soit le moteur de l'histoire, et il rejette donc l'idée selon laquelle l'histoire humaine serait une histoire de luttes d'ordre économique.

Voilà qui place clairement le fascisme du côté de la Religion catholique.

Pour rappel, voici ce que disait Pie XI dans *Divini Redemptoris*, à propos du communisme :

« Ce péril si menaçant, Vous l'avez déjà compris, Vénérables Frères, c'est le communisme bolchevique et athée, qui prétend renverser l'ordre social et saper jusque dans ses fondements la civilisation chrétienne. [...]

« Le communisme d'aujourd'hui, d'une manière plus accusée que d'autres mouvements semblables du passé, renferme une idée de fausse rédemption. Un pseudo-idéal de justice, d'égalité et de fraternité dans le travail, imprègne toute sa doctrine et toute son activité d'un certain faux mysticisme qui communique aux foules, séduites par de fallacieuses promesses, un élan et un enthousiasme contagieux, spécialement en un temps comme le nôtre, où par suite d'une mauvaise répartition des biens de ce monde règne une misère anormale. [...]

« La doctrine que le communisme cache sous des apparences parfois si séduisantes a aujourd'hui pour fondement les principes du matérialisme dialectique et historique déjà prônés par Marx ; les théoriciens du bolchevisme prétendent en détenir l'unique interprétation authentique. Cette doctrine enseigne qu'il n'existe qu'une seule réalité, la matière, avec ses forces aveugles ; la plante, l'animal, l'homme sont le résultat de son évolution. De même, la société humaine n'est pas autre chose qu'une apparence ou une forme de la matière qui évolue suivant ses lois ; par une nécessité inéluctable elle tend, à travers un perpétuel conflit de forces, vers la synthèse finale : une société sans classe. [...]

« Ce communisme est intrinsèquement pervers. »

★

« Le fascisme croit encore et toujours à la sainteté et à l'héroïsme, c'est-à-dire aux actions dans lesquelles n'agit aucun motif économique, proche ou lointain. »

Parce que le fascisme croit en la réalité de l'esprit, il croit en l'héroïsme et en la sainteté, c'est-à-dire dans une vie dépassant la vie matérielle, végétative et animale, et consacrée au service d'un idéal supérieur — que cet idéal soit naturel ou surnaturel, politique ou religieux.

Un idéal supérieur qui, pour le fasciste, est un idéal de force et de dévouement, un idéal de vertu : « **L'idéal de la dignité se rattache à la vertu** » (saint Thomas, *Somme théologique*, II-II, 168, 1).

★

« Le fascisme repousse l'idée du "bonheur" économique, qui se réaliserait socialement et presque automatiquement à un moment donné de l'évolution de l'économie, en assurant à tous le maximum de bien-être. »

Parce que le fascisme est spiritualiste, il ne croit pas au bonheur en cette vie terrestre, mais seulement au bonheur de l'âme après la mort. Et c'est la raison pour laquelle il rejette toutes les utopies, qui voudraient établir une sorte de « paradis terrestre ».

« Il [*le fascisme*] nie par suite l'équation bien-être = bonheur, qui transformerait les hommes en animaux. »

Parce que le fascisme est spiritualiste, parce qu'il considère l'homme comme supérieur aux animaux, il ne croit pas que le bonheur de l'homme puisse consister dans le plaisir de la chair ou dans le confort matériel. « **La béatitude parfaite de l'homme ne peut dépendre du corps** » (*Somme théologique*, I-II, 4, 5).

Pour le fasciste, le seul bonheur possible est celui de l'esprit délivré des contraintes de la matière.

4. Contre les idéologies démocratiques

Après le socialisme, **le fascisme bat en brèche tout l'ensemble des idéologies démocratiques et les repousse, tant dans leurs prémisses théoriques que dans leurs applications pratiques.** *Le fascisme* **nie que le nombre, par le seul fait d'être le nombre, puisse diriger la société humaine ;** *il nie que ce nombre puisse gouverner au moyen d'une consultation périodique ;* **il affirme l'inégalité irrémédiable, féconde et bienfaisante des hommes,** *qui ne peuvent devenir égaux par un fait mécanique et extrinsèque tel que le suffrage universel. On peut définir ainsi les régimes démocratiques : ceux dans lesquels on donne de temps en temps au peuple l'illusion d'être souverain, alors que la souveraineté véritable et effective réside en d'autres forces, parfois irresponsables et secrètes.* **La démocratie est un régime sans roi, mais avec de très nombreux rois parfois plus exclusifs, plus tyranniques et plus ruineux qu'un seul roi qui serait un tyran.** *Cela explique pourquoi le fascisme, tout en ayant avant 1922 — pour des raisons de contingence — manifesté des tendances républicaines, y a renoncé avant la marche sur Rome, convaincu que la question des formes politiques d'un État n'est pas, aujourd'hui, essentielle, et que l'étude des monarchies passées et présentes, des républiques passées et présentes, démontre que* **monarchie et république ne doivent pas être jugées « sub specie æternitatis » mais représentent des formes dans lesquelles se manifestent l'évolution politique, l'histoire, la tradition, la psychologie d'un pays déterminé.** *Or,* **le fascisme s'élève au-dessus de l'antithèse monarchie-république, sur laquelle la démocratie s'est attardée, en chargeant la première de toutes les insuffisances et en présentant la seconde comme un régime de perfection,** *alors qu'on a vu des républiques profondément réactionnaires et absolutistes, et des monarchies admettant les expériences politiques et sociales les plus hardies.*

« Le fascisme bat en brèche tout l'ensemble des idéologies démocratiques et les repousse, tant dans leurs prémisses théoriques que dans leurs applications pratiques. »

Le fascisme s'oppose à l'ensemble des idéologies démocratiques modernes ; car elles ont toutes pour fondement la même doctrine, à savoir l'individualisme théorique, ou la théorie du Contrat social — d'après laquelle les individus ne seraient pas naturellement politiques, mais se seraient réunis en société pour leur intérêt individuel.

Le fascisme, au contraire, affirme que l'homme est « **par nature un animal politique** » (Aristote, *Politiques*, I, 2).

Et, en cela, il se conforme bien à l'enseignement de saint Thomas, qui — contre l'augustinisme, d'après lequel la société politique serait une conséquence du péché originel, à vocation essentiellement castigatrice — affirme avec force la nature politique de l'homme :

« Aux autres animaux [*que l'homme*], la nature a préparé la nourriture, le vêtement du pelage, les moyens de défense, tels que cornes, dents, griffes, ou vélocité dans la fuite ; l'homme, au contraire, se trouve créé sans que rien de tel ne lui ait été fourni par la nature ; en échange, il a été pourvu de la raison, qui le met en état de réaliser toutes ces choses à l'aide de ses mains. Mais de ce qu'un homme à lui seul ne suffit pas à tout préparer, et ne peut se suffire à sa propre existence, **il s'ensuit qu'il est naturel à l'homme de vivre en société**.

« En outre, chez les autres animaux est implantée une faculté naturelle pour discerner tout ce qui leur est utile ou nuisible ; la brebis perçoit naturellement dans le loup un ennemi ; c'est aussi en vertu d'une faculté naturelle que certains animaux connaissent les plantes curatives et tous leurs moyens d'existence. L'homme, lui, n'a par nature qu'une connaissance très générale de ses moyens d'existence ; par la raison il peut parvenir à la connaissance des choses singulières nécessaires à la vie humaine moyennant un raisonnement à partir des principes de la nature. Mais, comme un seul individu ne peut y atteindre en totalité, **il est nécessaire aux hommes de vivre ensemble** pour s'entraider et se spécialiser dans des recherches diverses selon la diversité de leurs talents : l'un dans la médecine, un autre à ceci, un autre encore à cela. [...]

« Puisqu'il convient à l'homme de vivre en société, du fait que, solitaire, il ne suffirait pas à son existence, une société sera d'autant plus parfaite qu'elle suffira par elle-même aux besoins de la vie. Une famille, seule, confinée à un seul domaine, a bien quelques suffisances quant aux besoins vitaux, à savoir ceux qui ont trait aux actes naturels de la nutrition, de la génération et aux fonctions similaires ; une seule ville se suffira à elle-même pour un seul corps de métier ; **mais seule la Cité, qui est la communauté parfaite, se suffira à elle-même quant à tous les besoins de la vie**, et plus encore la province [ou l'union de plusieurs Cités], parce qu'elle pourvoit à elle seule au besoin de secours mutuel quant à la résistance aux ennemis » (*De Regno*, I, 1).

Aussi le fascisme considère-t-il comme une vérité certaine que « l'homme est par nature un animal *politique* », et, ainsi, qu'il lui est naturel d'appartenir à une famille, à des corps intermédiaires, et à une Cité ou un État.

« Nous devons commencer par l'homme et passer par ses unités organiques, et ainsi nous monterons de l'homme à la famille, de la famille à la ville et au syndicat, et nous terminerons dans l'État qui sera l'harmonie du tout » (José Antonio Primo de Rivera, *Textos de doctrina política*).

Le fascisme rejette donc la théorie du Contrat social. Et, avec elle, l'idéologie démocratique qui en découle logiquement, ainsi que toutes ses conséquences pratiques, telles que le système électoral et le référendum.

★

« Le fascisme nie que le nombre, par le seul fait d'être le nombre, puisse diriger la société humaine. »

En effet, parce que le gouvernement d'une communauté a pour fin d'assurer l'unité de l'action commune, et que l'on ne donne que ce que l'on a, il s'ensuit que la multitude ne peut gouverner.

Et saint Thomas ne dit pas autre chose :

« S'il est nécessaire à l'homme de vivre en société, il s'ensuit qu'il est aussi nécessaire qu'il y ait parmi les hommes un principe de direction de la multitude. En effet, les hommes étant nombreux, et chacun pourvoyant à son intérêt particulier, leur société se désagrégerait s'il n'y avait un principe pourvoyant au bien de cette multitude ; de même que le corps de l'homme ou d'un animal quelconque se dissoudrait, s'il n'y avait dans ce corps quelque force directrice commune tendant au bien commun de tous les membres. [...] Toute multitude doit donc avoir un principe directeur » (*De Regno*, I, 1).

Aussi le fascisme rejette-t-il l'idéologie démocratique qui voudrait que la multitude en tant que multitude gouverne la chose publique.

★

« Le fascisme affirme l'inégalité irrémédiable, féconde et bienfaisante des hommes. »

À l'opposé de toutes les conceptions démocratiques et égalitaristes, le fascisme se veut un inégalitarisme foncier. Il estime que l'inégalité parmi les hommes est naturelle, par-là nécessaire, et de surcroît utile et bonne.

Certains catholiques se scandaliseront peut-être d'entendre de telles choses. Ou, tout en convenant de l'inégalité actuelle des hommes, affirmeront — avec saint Grégoire (« là où nous n'avons pas commis de faute, nous sommes tous égaux ») — que l'inégalité est une conséquence du péché originel.

Mais bien différent est l'avis de saint Thomas, pour qui l'inégalité est un fait de nature :

« Il faut dire nécessairement qu'il y avait dans l'état primitif [*c'est-à-dire dans l'état d'avant le péché originel*] une certaine inégalité, d'abord quant au sexe, car sans différence de sexe il n'y aurait pas eu de génération ; de même pour l'âge ; même dans cet état, certains hommes étaient engendrés par d'autres, et ceux qui s'unissaient charnellement n'étaient pas stériles.

« **Mais même en ce qui concerne l'âme il y aurait eu des différences, quant à la science, et même quant à la justice ; en effet, ce n'est pas par nécessité que l'homme agit, mais en vertu de son libre arbitre ; or, en vertu de celui-ci, l'homme a le pouvoir d'appliquer plus ou moins son esprit à faire, vouloir ou connaître quelque chose. Ainsi, certains auraient fait plus de progrès que d'autres en science et en justice.**

« **Du côté du corps il y aurait aussi eu des inégalités. Le corps n'était pas tout à fait affranchi des lois de la nature au point de ne pas recevoir plus ou moins d'avantages et de secours des facteurs extérieurs, puisqu'aussi bien leur vie était sustentée par des aliments. Et ainsi on peut dire que, selon les différentes dispositions de l'air, ou des étoiles, les uns auraient été engendrés plus vigoureux de corps que les autres, plus grands, plus beaux, avec une meilleure complexion** » (*Somme théologique*, I, 96, 3).

Ainsi, il est dans l'*intentio naturae* qu'il y ait inégalité d'intelligence, de vertu et de force parmi les hommes.

Or, dans la mesure où l'inégalité est un fait de nature, il faut ajouter que la domination de l'homme sur l'homme est aussi naturelle — contre saint Augustin (« Dieu a voulu que l'homme, être raisonnable, fait à Son image, ne dominât que sur les êtres sans raison : pas de domination de l'homme sur l'homme, mais uniquement de l'homme sur la bête ») — et que cette domination est une chose tout à fait juste.

Voici comment Aristote justifie la domination de l'homme sur l'homme dans ses *Politiques* :

« **L'autorité et l'obéissance ne sont pas seulement choses nécessaires ; elles sont aussi choses bonnes. Quelques êtres, du moment même qu'ils naissent, sont destinés, les uns à obéir, les autres à commander, bien qu'avec des degrés et des nuances très diverses pour les uns et pour les autres** » (I, 2. De l'esclavage).

Et voici comment saint Thomas, à la suite d'Aristote, la justifie à son tour :

« **La domination de l'homme sur l'homme aurait existé dans l'état d'innocence pour deux raisons. Premièrement, parce que l'homme est par nature un animal politique, si bien que même dans l'état d'innocence les hommes auraient eu une vie politique. Mais la vie politique d'une multitude ne pourrait exister sans un chef qui recherche le Bien commun ; car plusieurs recherchent nécessairement plusieurs buts, mais un seul n'en recherche qu'un. Ce qui fait dire à Aristote : "Chaque fois que plusieurs éléments sont ordonnés à une seule fin, on en trouve toujours un qui prend la tête et qui dirige."**

« **La deuxième raison, c'est que si un homme avait été supérieur à un autre en science et en justice, il aurait été choquant qu'il n'emploie pas cette supériorité au service des autres. En ce sens il est écrit : "Chacun de vous selon la grâce reçue, mettez-vous au service des autres" (1 Pierre, 4, 10) »** (*Somme théologique*, I, 96, 4).

Ainsi les plus forts, les plus intelligents et les plus vertueux sont-ils appelés, par nature, à dominer sur les autres, pour leur bien.

« **Il est faux que tous les hommes aient les mêmes droits dans la société civile et qu'il n'existe pas de hiérarchie légitime** » (Pie XI, *Divini Redemptoris*).

Et le fascisme ne dit rien d'autre que cela.

★

« La démocratie est un régime sans roi, mais avec de très nombreux rois parfois plus exclusifs, plus tyranniques et plus ruineux qu'un seul roi qui serait un tyran. »

Est tyran celui qui, étant — pleinement ou partiellement — souverain, ne recherche pas le Bien commun politique mais uniquement son bien particulier. Or, la démocratie est le régime dans lequel tous les individus détiennent une part de souveraineté, en vue de leur intérêt propre. Une société démocratique — au sens aristotélicien du terme — est donc, par nature, une société de tyrans.

C'est en ce sens que saint Thomas dit que « **dans un régime démocratique** […] **le peuple est comme un seul tyran** » (*De Regno*, I, 1). C'est aussi en ce sens qu'Étienne Gilson définit la démocratie comme la « **tyrannie de la foule** » (*Thomas d'Aquin : Textes sur la morale*), et Claude Polin comme la « **tyrannie de tous sur tous** » (*Le Totalitarisme*).

Une démocratie est même, sous un certain rapport, pire qu'une royauté tyrannique, car un seul tyran assure au moins une certaine unité, alors qu'une foule de tyrans mène à la désagrégation et ainsi à la mort de la société.

★

« Monarchie et république ne doivent pas être jugées *"sub specie æternitatis"* mais représentent des formes dans lesquelles se manifestent l'évolution politique, l'histoire, la tradition, la psychologie d'un pays déterminé. »

À la fois contre les « républicains », qui font de la république — ou du gouvernement des citoyens — le seul régime acceptable, et contre les « monarchistes », qui font de la monarchie — c'est-à-dire du gouvernement d'un seul — le seul régime bon, le fascisme considère que la monarchie et la république sont des régimes en soi neutres, qui ne pourront donc être jugés qu'en fonction des circonstances concrètes : à telle Cité conviendra mieux une république, à telle autre une monarchie ; à telle époque le gouvernement des citoyens sera possible, à telle autre le gouvernement d'un seul sera nécessaire. Le fascisme n'est pas une idéologie, mais un pragmatisme foncier.

Pour le fasciste, un régime est bon dans la mesure où il poursuit le Bien commun, que ce régime soit une monarchie ou une république.

Or, Aristote ne dit pas autre chose :

« Quand le gouvernement d'un seul a pour objet le Bien commun, on le nomme monarchie, ou vulgairement royauté. [...] Et quand un grand nombre gouverne dans le sens du Bien commun, le gouvernement reçoit comme dénomination spéciale la dénomination générique de tous les gouvernements, et se nomme république » (*Politiques*, III, 5).

Et saint Thomas reprend la même distinction dans le *De Regno* (I, 1).

Là encore, on voit l'accord du thomisme et du fascisme, qui font du Bien commun le seul absolu en politique.

★

« Le fascisme s'élève au-dessus de l'antithèse monarchie-république, sur laquelle la démocratie s'est attardée, en chargeant la première de toutes les insuffisances et en présentant la seconde comme un régime de perfection. »

Le fascisme s'élève au-dessus de l'antithèse monarchie-république, précisément parce qu'il ne conçoit pas ces deux régimes comme contradictoires, comme si l'un était bon et l'autre mauvais. Mais il comprend que ces deux régimes peuvent être bons, à partir du moment où ils poursuivent le Bien commun.

Et il s'oppose donc à l'idéologie démocratique, qui fait de la république — ou du gouvernement des citoyens — le seul régime acceptable, et ainsi de la monarchie un régime essentiellement mauvais.

Mais, au contraire, le fascisme se veut pour ainsi dire une « synthèse » de monarchie et de république — comme on le verra bientôt (II, 5) — dans la mesure où il souhaite intégrer à la fois les avantages de la monarchie (autorité, stabilité institutionnelle) et ceux de la république (organicité, esprit d'initiative), afin de mieux assurer l'unité de la Cité, qui est son Bien commun.

Et — comme on le verra aussi — cette synthèse de monarchie et de république, dont le fascisme se veut l'incarnation, correspond en fait à « la meilleure forme de gouvernement » de
saint Thomas (*Somme théologique*, I-II, 105, 1).

5. Les mensonges de la démocratie

« La raison, la science — disait Renan (qui eut des éclairs pré-fascistes) dans un de ses Dialogues philosophiques *— sont des produits de l'humanité ; mais **vouloir la raison directement pour le peuple et par le peuple est chimérique**. Il n'est pas nécessaire, pour la pleine existence de la raison, que le monde entier la perçoive. En tout cas, une telle initiation, si elle devait se faire, ne se ferait pas par la basse démocratie, laquelle semble devoir amener au contraire l'extinction de toute culture difficile et de toute haute discipline… **Le principe que la société n'existe que pour le bien-être et la liberté des individus qui la composent ne paraît pas conforme aux plans de la nature, plans où l'espèce seule est prise en considération et où l'individu semble sacrifié**. Il est fort à craindre que le dernier mot de la démocratie ainsi entendue (je me hâte de dire qu'on peut l'entendre autrement) ne soit un état social où une masse dégénérée n'aurait d'autre souci que de goûter les plaisirs ignobles de l'homme vulgaire. »*

*Ainsi parle Renan. Le fascisme repousse, dans la démocratie, l'absurde mensonge conventionnel de l'égalité politique, l'esprit d'irresponsabilité collective et le mythe du bonheur et du progrès indéfini. Mais, si la démocratie peut être entendue différemment, c'est-à-dire **si démocratie signifie ne pas refouler le peuple en marge de l'État, le fascisme a pu être défini par l'auteur de ce livre « démocratie organisée, centralisée, autoritaire »**.*

Ainsi, le fascisme est opposé à la démocratie.

Pour rappel, aussi bien Aristote que saint Thomas d'Aquin classent la démocratie parmi les régimes dégénérés.

Citons Aristote, lorsqu'il expose les différentes formes de gouvernement : « Quand le gouvernement d'un seul a pour objet le Bien commun, on le nomme monarchie, ou vulgairement royauté. Avec la même condition, le gouvernement d'un petit nombre, pourvu qu'elle ne soit pas réduite à un seul individu, c'est l'aristocratie [...]. Enfin, quand un grand nombre gouverne dans le sens du Bien commun, le gouvernement reçoit comme dénomination spéciale la dénomination générique de tous les gouvernements, et se nomme politie (*politeia* en grec) [...]. **Les perversions de ces gouvernements sont** : la tyrannie pour la royauté ; l'oligarchie pour l'aristocratie ; **la démocratie (*dêmokratia*) pour la politie**. La tyrannie est le gouvernement d'un seul qui n'a pour objet que l'intérêt du gouvernant ; l'oligarchie n'a pour objet que l'intérêt des riches ; **la démocratie n'a pour objet que l'intérêt des membres du peuple. Aucun de ces gouvernements ne songe au Bien commun de la Cité** » (*Politiques*, III, 5).

Saint Thomas ne dit pas autre chose : « *Si vero iniquum regimen exerceatur per multos, democratia nuncupatur, id est potentatus populi, quando scilicet populus plebeiorum per potentiam multitudinis opprimit divites. Sic enim populus totus erit quasi unus tyrannus* (*De Regno*, I, 1) : **Si un gouvernement inique est exercé par beaucoup, il est nommé démocratie, c'est-à-dire domination du peuple**, comme quand la populace, s'appuyant sur la puissance de sa multitude, opprime les [plus] aisés. **Car ainsi, le peuple entier sera comme un seul tyran.** »

Certains diront que c'est là jouer avec les mots, qu'Aristote et saint Thomas n'entendaient pas la même chose que les modernes par le terme de « démocratie ».

Mais nous ne sommes pas nominalistes : si « démocratie » veut dire domination ou pouvoir du peuple, et que ces deux auteurs l'ont condamnée, c'est que l'idée même d'un pouvoir qui serait exercé par la multitude informe du peuple était pour eux inacceptable.

En effet, dans une démocratie, les membres du peuple ne poursuivent que leurs biens particuliers, sans égard au Bien commun de la Cité. Or, une chose est de chercher le bien particulier de chacun, autre chose est de chercher le Bien commun ; car, un tout n'étant pas réductible à la somme de ses parties, le

Bien commun n'est pas réductible à la somme des biens particuliers.

Quant à la forme de gouvernement où un grand nombre gouverne, saint Thomas l'appelle à la suite d'Aristote « politie » : « **Si le gouvernement est exercé par un grand nombre de citoyens, on lui nomme le nom commun de politie** (*politia* en latin) ; **c'est le cas lorsque l'armée exerce le pouvoir dans la Cité ou la province** » (*De Regno*, I, 1). Dans un tel régime, explique saint Thomas (*Politica*, III, 16), les citoyens ne gouvernent pas de manière anonyme et égalitaire, mais de manière hiérarchique et corporative (chaque citoyen est membre de la Cité par l'intermédiaire des communautés dont il fait partie).

L'on notera au passage que l'exemple de politie que saint Thomas donne n'est rien d'autre qu'un gouvernement militaire… ; on est très loin de la démocratie égalitariste telle qu'on l'entend aujourd'hui. Et si le saint Docteur envisage le pouvoir d'un grand nombre comme celui de l'armée, c'est pour la raison suivante : « **Il est très difficile que ceux qui parviennent à la perfection de la vertu soient nombreux ; sauf quant à la vertu des militaires (la vertu de force), où il est possible qu'un grand nombre y excelle** » (*ibid.*, III, 16, 393).

Ce que Mussolini appelle « démocratie organisée, centralisée, autoritaire » n'est rien d'autre que la politie thomasienne.

★

« Vouloir la raison par le peuple et pour le peuple est chimérique », affirme Mussolini à la suite de Renan.

La doctrine de la souveraineté populaire, qui voudrait que tous les membres du peuple possèdent la sagesse et la vertu nécessaires à l'exercice de pouvoir, relève en effet de la fiction. « **Il arrive facilement qu'on trouve dans la Cité une personne ou quelques-unes qui dépassent de beaucoup les autres en vertu ; mais il est extrêmement difficile d'en trouver beaucoup qui parviennent à la perfection de la vertu** » (*Politica*, III, 16, 393). Et il est rigoureusement impossible que tous les membres du peuple possèdent les vertus nécessaires à l'exercice du pouvoir et à la poursuite effective du Bien commun — à savoir, principalement, la prudence et la justice ; la démocratie est un régime gouverné par des irresponsables.

Notons au passage que la doctrine de la souveraineté populaire, pour laquelle l'autorité résiderait primordialement dans le peuple, **a été formellement condamnée par la Sainte Église, en raison de son opposition à la doctrine catholique** ; citons saint Pie X, dans sa *Lettre sur le Sillon* :

« En politique, le Sillon n'abolit pas l'autorité ; il l'estime, au contraire, nécessaire ; mais il veut la partager, ou, pour mieux dire, la multiplier de telle façon que chaque citoyen deviendra une sorte de roi. L'autorité, il est vrai, émanerait de Dieu, mais elle résiderait primordialement dans le peuple et s'en dégagerait par voie d'élection ou, mieux encore, de sélection, sans pour cela quitter le peuple et devenir indépendante de lui ; elle serait extérieure, mais en apparence seulement ; en réalité, elle serait intérieure, parce que ce serait une autorité consentie. […] Ainsi, le Sillon place primordialement l'autorité politique dans le peuple, de qui elle dérive ensuite aux gouvernants, de telle façon cependant qu'elle continue à résider en lui. Or, **Léon XIII a formellement condamné cette doctrine dans son Encyclique *Diuturnum illud* du Principat politique, où il dit : "Des modernes en grand nombre [...] déclarent que toute autorité vient du peuple ; qu'en conséquence ceux qui exercent le pouvoir dans la société ne l'exercent pas comme une autorité propre, mais comme une autorité à eux déléguée par le peuple et sous la condition qu'elle puisse être révoquée par la volonté du peuple de qui ils la tiennent. Tout au contraire est le sentiment des catholiques, qui font dériver le droit de gouverner de Dieu, comme de son principe naturel et nécessaire."** Sans doute le Sillon fait descendre de Dieu cette autorité qu'il place d'abord dans le peuple, mais de telle sorte qu'"'elle remonte d'en bas pour aller en haut, tandis que, dans l'organisation de l'Église, le pouvoir descend d'en haut pour aller en bas" (Marc

Sangnier, Discours de Rouen, 1907). Mais, outre qu'**il est anormal que la délégation monte, puisqu'il est de sa nature de descendre**, Léon XIII a réfuté par avance cette tentative de conciliation de la doctrine catholique avec l'erreur du démocratisme. Car il poursuit : "Il importe de le remarquer ici : **ceux qui président au gouvernement de la chose publique peuvent bien, en certains cas, être élus par la volonté et le jugement d'un grand nombre, sans répugnance ni opposition avec la doctrine catholique. Mais si ce choix désigne le gouvernant, il ne lui confère pas le pouvoir de gouverner [...], mais il désigne la personne qui en sera investie.**" »

★

« Le principe que la société n'existe que pour le bien-être et la liberté des individus qui la composent ne paraît pas conforme aux plans de la nature, plans où l'espèce seule est prise en considération et où l'individu semble sacrifié » rappelle aussi Mussolini en citant Renan.

Cette affirmation est tout à fait conforme au principe de totalité, si cher à saint Thomas. « **Toutes les parties sont ordonnées à la perfection du tout : le tout n'est pas pour les parties, mais les parties pour le tout** » (*Somme contre les Gentils*, III, 112). En effet, la main est faite pour le corps et non l'inverse ; c'est ainsi qu'elle le protège naturellement s'il est attaqué. De même, l'abeille est au service de la ruche, à tel point qu'elle est prête à mourir pour cette dernière. Et si la partie se sacrifie naturellement pour le tout, c'est la preuve qu'elle est faite pour lui. Or, l'individu est à la société politique ce que la partie est au tout, puisqu'il en est naturellement membre. Donc, « **l'homme tout entier est ordonné comme à sa fin à la communauté entière dont il fait partie** » (saint Thomas, *Somme théologique*, II, II, 65) ; la Cité n'est pas pour les citoyens, mais les citoyens pour la Cité.

En outre, « **le bien de la partie est pour le bien du tout** » (*ibid.*, I-II, 109, 3), puisque la partie est pour le tout. De sorte que tous les biens particuliers des individus sont ordonnés au Bien commun de la Totalité.

Le Bien commun est en effet meilleur que les biens particuliers. Et il « est meilleur, non pas en tant qu'il comprendrait le bien singulier de tous les singuliers : il n'aurait pas alors l'unité du Bien commun en tant que celui-ci est en quelque façon universel ; il serait pure collection, il ne serait que matériellement meilleur. **Le Bien commun est meilleur pour chacun des particuliers qui y participent, en tant qu'il est communicable aux autres particuliers : la communicabilité est de la raison même de sa perfection** » (Charles De Koninck, *De la primauté du Bien commun contre les personnalistes*, I).

Ainsi, la Cité est faite pour poursuivre le Bien commun, et non pour garantir le bien-être — c'est-à-dire le bonheur *matériel* — ou la liberté des individus. De sorte qu'elle est en droit d'exiger d'eux qu'ils sacrifient ces choses si le Bien commun l'exige, puisque les biens particuliers sont ordonnés au Bien commun.

★

« Si *démocratie* signifie ne pas refouler le peuple en marge de l'État, le fascisme a pu être défini par l'auteur de ce livre *démocratie organisée, centralisée, autoritaire*. »

Le fascisme, quoiqu'il s'oppose tout à fait à la démocratie égalitaire, ne veut pas cependant d'une monarchie absolue dans laquelle les citoyens seraient exclus de la participation à la chose publique.

Et, là encore, il rejoint bien l'enseignement de saint Thomas : « Deux points sont à observer dans la bonne organisation d'une Cité ou d'une nation. D'abord, **il faut que tout le monde participe plus ou moins au gouvernement**, car il y a là, selon le deuxième livre des *Politiques*, une garantie de paix civile, et tous chérissent et soutiennent un tel état des choses. L'autre point concerne la forme du régime ou de l'organisation des pouvoirs : on sait qu'il en est plusieurs, distingués par

Aristote, mais la plus remarquable est **la monarchie, ou domination d'un seul selon la vertu** ; et après c'est l'aristocratie, c'est-à-dire le gouvernement des meilleurs, ou domination d'un petit nombre selon la vertu. Voici donc **la meilleure forme de gouvernement** pour une Cité ou un royaume : **à la tête est placé, en raison de sa vertu, un chef unique, ayant autorité sur tout** ; puis viennent un certain nombre de chefs subalternes, qualifiés par leur vertu ; **et cependant la multitude n'est pas étrangère au pouvoir ainsi défini, tous ayant la possibilité d'être élus** » (*Somme théologique*, I-II, 105, 1).

Ainsi, le meilleur régime politique qui soit doit concilier autorité du Chef et organicité du Tout.

Il doit s'appuyer sur l'autorité d'*un* Chef, parce que le Bien commun consiste en « l'unité de la Cité » (*De Regno*, I, 2), et que l'on ne donne que ce que l'on a, de sorte que seule une autorité *une* peut poursuivre le Bien commun ou l'unité de la Cité.

Et en même temps un tel régime doit assurer l'organicité du Tout, c'est-à-dire le fait que tous les citoyens prennent part, d'une manière ou d'une autre, à la chose publique, parce qu'un tout qui n'entretient pas sa vie est un tout qui meurt, et que la mort entraîne avec elle la dislocation, la fin de l'unité, ce qui va directement à l'encontre du bien du tout.

Aussi, « tel est le régime parfait, **heureusement mélangé de monarchie, par la prééminence d'un seul** ; d'aristocratie, par la multiplicité de chefs subalternes qualifiés selon la vertu ; **de république enfin, ou de régime populaire, du fait que de simples citoyens puissent être choisis comme chefs** » (*ibid.*).

On notera au passage que la monarchie et l'aristocratie dont saint Thomas parle ne sont nullement (de soi) héréditaires : par monarchie, il entend juste le gouvernement d'un seul, qu'il s'agisse d'un roi ou d'un empereur, d'un Premier ministre ou d'un dictateur, d'un Chef ou d'un Guide ; et par aristocratie, il entend le pouvoir des plus vertueux — qui, contre tout féodalisme, n'en demeurent pas moins soumis au Chef unique.

Quant à la république dont il parle, elle n'a bien entendu rien à voir avec la république telle que les philosophes des Lumières l'ont conçue ; elle est simplement le régime où tous les citoyens prennent part, d'une manière ou d'une autre, à la chose publique.

Aussi le régime prôné par saint Thomas est-il en somme une « *mono-archia* » organique, ou, considéré dans l'autre sens, une « *res-publica* » autoritaire.

Or, c'est justement ce que prône Mussolini, qui considère le régime fasciste comme une « démocratie organisée, centralisée, autoritaire », tout en excluant une quelconque forme d'égalitarisme, et en faisant du Chef — du « Duce » — le seul véritable souverain, c'est-à-dire le seul détenteur de l'autorité, de la communauté politique tout entière.

Et si le fascisme aspire à cette « synthèse » d'autoritarisme et d'organicisme, c'est parce qu'il ne veut autre chose que le Bien commun de la Cité, qui requiert ces deux éléments puisqu'il consiste en l'unité du Tout.

« **Le fascisme n'est pas une tactique** — la violence — ; **c'est une idée : l'unité** » (José Antonio Primo de Rivera, *Textos de doctrina política*).

6. Contre les doctrines libérales

Vis-à-vis des doctrines libérales, le fascisme est dans un état d'opposition absolue, et dans le domaine politique et dans le domaine économique. Il ne faut pas exagérer — pour de simples raisons de polémique actuelle — l'importance du libéralisme au siècle dernier, et, alors qu'il ne fut qu'une des nombreuses doctrines écloses en ce siècle, en faire une religion de l'humanité pour tous les temps présents et futurs. Le libéralisme n'eut que quinze ans de faveur. Il naquit en 1830, par réaction contre la Sainte-Alliance qui voulait ramener l'Europe au régime antérieur à 1789, et il eut son année de splendeur en 1848, quand Pie IX lui-même fut libéral. Aussitôt après, commença la décadence. Si 1848 fut une année de lumière et de poésie, 1849 fut une année de ténèbres et de tragédie.

La République romaine fut tuée par une autre république, la République française. La même année, Marx lançait l'évangile de la religion socialiste, dans son fameux Manifeste des Communistes. En 1851, Napoléon III fait son coup d'État antilibéral et règne sur la France jusqu'en 1870. Il fut renversé par un mouvement populaire, à la suite d'une des plus grandes défaites militaires qu'enregistre l'histoire. Le vainqueur fut Bismarck, qui ignora toujours la religion de la liberté et ses prophètes. Il est symptomatique qu'un peuple de haute civilisation, comme le peuple allemand, ait complètement ignoré, pendant tout le XIXe siècle, la religion de la liberté.

Il n'y eut qu'une parenthèse, représentée par ce qui a été nommé « le ridicule parlement de Francfort », qui dura une saison. L'Allemagne a réalisé son unité nationale en dehors du libéralisme, contre le libéralisme, doctrine qui semble étrangère à l'esprit allemand, esprit essentiellement monarchique, alors que le libéralisme est l'antichambre historique et logique de l'anarchie. Les étapes de l'unité allemande sont les trois guerres de 1864, de 1866, et de 1870, conduites par des « libéraux » comme Moltke et Bismarck. Quant à l'unité italienne, le libéralisme y a eu une part inférieure à l'apport *de Mazzini et de Garibaldi, qui n'étaient pas libéraux. Sans l'intervention de l'antilibéral Napoléon, nous n'aurions pas eu la Lombardie, et, sans l'aide de l'antilibéral Bismarck à Sadowa et à Sedan, il est très probable que nous n'aurions pas eu Venise en 1866 et qu'en 1870 nous ne serions pas entrés dans Rome. Pendant la période 1870-1915, les prêtres mêmes du nouveau* Credo *accusent le crépuscule de leur religion : elle est battue en brèche, en littérature, par le décadentisme et, dans la pratique, par l'activisme.*

Activisme : c'est-à-dire nationalisme, futurisme, fascisme. Le siècle « libéral » (à savoir le XIXe siècle), après avoir accumulé une infinité de nœuds gordiens, cherche à les défaire par l'hécatombe de la guerre mondiale. Mais aucune religion n'impose un sacrifice si terrible. Les dieux du libéralisme avaient-ils soif de sang ? Maintenant, le libéralisme est sur le point de fermer les portes de ses temples déserts, car les peuples sentent que son agnosticisme en matière économique, son indifférentisme en matière politique et morale amèneraient, comme cela s'est déjà produit, une ruine certaine des États. C'est pourquoi toutes les expériences politiques du monde contemporain sont antilibérales et il est suprêmement ridicule de vouloir les classer hors de l'histoire ; comme si l'histoire était une chasse réservée au libéralisme et aux professeurs, comme si le libéralisme était le mot suprême et incomparable de la civilisation.

Nous n'aurons ici qu'un seul commentaire à faire — la majeure partie de ce texte étant plus historique que philosophique — : c'est que l'on ne peut *effectivement* trouver plus opposé au libéralisme, et à la démocratie qui va logiquement de pair avec lui, que le fascisme.

« Le fascisme, dans sa réalisation concrète, n'est autre que la réaction économico-politique contre le libéralisme démocratique ; réaction qui peut être saine, et même catholique, selon l'ambiance dans laquelle il se développe » (abbé Julio Meinvielle, *Conception catholique de la politique*).

Une réaction *saine*, c'est-à-dire conforme aux exigences de l'ordre naturel, des principes de la philosophie thomiste — ou réaliste —, et de la morale.

Catholique, c'est-à-dire conforme aux exigences de l'ordre surnaturel, de la Charité.

7. Le fascisme ne revient pas en arrière

Les négations fascistes du socialisme, de la démocratie, du libéralisme, ne doivent cependant pas faire croire que le fascisme entend ramener le monde à ce qu'il était avant 1789, date qui est considérée comme l'année d'inauguration du siècle démo-libéral. On ne revient pas en arrière. **La doctrine fasciste n'a pas choisi de Maistre pour prophète.** *L'absolutisme monarchique a fait son temps, au même titre que l'ecclésiolâtrie, que les privilèges féodaux ou les castes fermées à cloisons étanches.* L'idée fasciste d'autorité n'a rien à voir avec l'État policier.

Un parti qui gouverne une nation « totalitairement » est un fait nouveau dans l'histoire. *Les rapprochements et les comparaisons sont impossibles. Des décombres des doctrines libérales, socialistes, démocratiques, le fascisme extrait les éléments qui ont encore une valeur vitale.* **Il conserve ce que l'on pourrait appeler les faits acquis de l'histoire ; mais il rejette tout le reste, c'est-à-dire la conception d'une doctrine bonne pour tous les temps et pour tous les peuples.** *En admettant que le XIXᵉ siècle ait été le siècle du socialisme, du libéralisme, de la démocratie, il n'est pas dit que le XXᵉ siècle doive être également le siècle du socialisme, du libéralisme et de la démocratie. Les doctrines politiques passent, les peuples restent.*

On peut penser que le siècle actuel est le siècle de l'autorité, de « droite », un siècle fasciste ; et que, si le XIXᵉ siècle a été le siècle de l'individu (libéralisme signifie individualisme), on peut penser que le siècle actuel est **le siècle « collectif », et par conséquent, le siècle de l'État.** *Il est parfaitement logique qu'une nouvelle doctrine puisse utiliser les éléments encore vitaux d'autres doctrines.*

Aucune doctrine ne peut prétendre à une « originalité » absolue. *Elle est liée, ne fût-ce qu'historiquement, aux autres doctrines passées, aux autres doctrines à venir. C'est ainsi que le socialisme de Marx est lié au socialisme utopiste des Fourier, des Owen, des Saint-*

Simon ; c'est ainsi que le libéralisme du XIX siècle se rattache à tout le mouvement des illuminés du XVIII* siècle et que les doctrines démocratiques sont liées à l'Encyclopédie.*

La doctrine tend à diriger l'activité des hommes vers un objectif déterminé ; mais l'activité des hommes réagit sur la doctrine, la transforme, l'adapte aux nécessités nouvelles ou la dépasse. *La doctrine elle-même doit donc être non un exercice verbal, mais un acte de vie.* **De là, le caractère pragmatique du fascisme,** *sa volonté de puissance, sa volonté d'exister,* **sa position à l'égard du fait « violence » et de sa valeur.**

« Les négations fascistes du socialisme, de la démocratie, du libéralisme, ne doivent cependant pas faire croire que le fascisme entend ramener le monde à ce qu'il était avant 1789 [...]. La doctrine fasciste n'a pas choisi de Maistre pour prophète. L'absolutisme monarchique a fait son temps, au même titre que l'ecclésiolâtrie, que les privilèges féodaux ou les castes fermées à cloisons étanches. »

Voilà qui ne plaira certainement pas aux légitimistes et autres nostalgiques de l'Ancien Régime.

Mais, entendons-nous bien : le fascisme n'approuve nullement la Révolution qui a détruit l'ordre naturel ; au contraire, il la réprouve fermement, et il rejette avec elle les idées des Lumières qui en sont les principes, ainsi que la démocratie, le libéralisme et le socialisme qui en sont les conséquences. Mussolini est extrêmement clair là-dessus.

Cependant, le fascisme n'entend pas retourner à l'Ancien Régime, parce qu'il comprend que les premières causes de la chute de ce dernier sont ses propres limites, à savoir, principalement, son absence d'esprit national et son manque d'organicité.

★

« La doctrine fasciste n'a pas choisi de Maistre pour prophète », parce que ce dernier n'a pas compris que l'idée nationale, quoiqu'elle ait été *accidentellement* promue par la Révolution, est *essentiellement* bonne, c'est-à-dire conforme à l'ordre naturel. Pour rappel, l'Église catholique a elle-même fini par reconnaître la valeur de l'idée de nation : « **la race, la nation, l'État, la forme de l'État, les dépositaires du pouvoir** » sont — rappelle Pie XI dans *Mit brennender Sorge* — « **des valeurs fondamentales de la communauté humaine** » et « **des choses qui tiennent dans l'ordre terrestre une place nécessaire et honorable** ».

Le fascisme rejette aussi « l'absolutisme monarchique […], au même titre que l'ecclésiolâtrie, que les privilèges féodaux ou les castes fermées à cloisons étanches », parce qu'il comprend que ces choses sont les principales raisons du manque d'organicité de l'Ancien Régime ; organicité qui, rappelons-le, est vue par saint Thomas (à la suite d'Aristote) comme une chose bonne et même nécessaire à la survie de la Cité : « **il faut que tout le monde participe plus ou moins au gouvernement**, car il y a là, selon le deuxième livre des *Politiques*, une garantie de paix civile » (*Somme théologique*, I-II, 105, 1).

D'où le rejet de la monarchie *absolue*, qui exclut toute participation réelle des citoyens à la chose publique ; et, au passage, de la monarchie héréditaire de droit divin, qui fait de l'appartenance à une famille — soi-disant choisie par Dieu — le critère de la légitimité, alors que cette dernière ne se fonde sur rien d'autre que sur la poursuite effective du Bien commun : « **Quel est le critère ultime et définitif pour reconnaître la légitimité ? C'est la communauté qui, dans son adhésion habituelle, donne une efficacité juridique au régime de gouvernement […]. Cette adhésion habituelle témoigne que le Bien commun est atteint dans cette société** » (abbé Julio Meinvielle, *Conception catholique de la politique*).

D'où, aussi, le rejet de l'aristocratie *héréditaire*, qui est contraire à la véritable nature de l'aristocratie, fondée non sur le sang mais sur la vertu : « **l'aristocratie est** […] **le pouvoir des plus vertueux** » (saint Thomas, *De Regno*, I, 1).

D'où le rejet, enfin, du système de castes, c'est-à-dire de classes fermées, qui empêche que des citoyens appartenant à une classe inférieure mais faisant preuve de vertu parviennent au pouvoir (ou que des citoyens appartenant à une classe supérieure mais faisant preuve de vice déchoient de leur rang), cependant que **la justice distributive requiert que « par leur vertu** […]**, de simples citoyens puissent être choisis comme chefs** » (*Somme théologique*, I-II, 105, 1).

Quant à l'« ecclésiolâtrie » dénoncée par Mussolini, c'est-à-dire le cléricalisme — qui voudraient que les clercs gouvernent la Cité en raison de leur statut de clercs —, elle est effectivement contraire à une saine conception du rapport entre pouvoir temporel et pouvoir spirituel, et plus généralement entre nature et surnature :

« Nous croyons, comme il est convenu, que la grâce éclot dans la nature, agit en elle à la manière d'un ferment, la régénère par l'en-dedans, la dote d'une vitalité de surcroît qui a pour résultat immédiat de l'adapter à la saisie d'objets au-dessus de sa portée native. Nous croyons encore qu'en même temps qu'elle la surélève, elle la guérit et la restaure ; **mais nous pensons que la nature guérie n'est que plus parfaitement elle-même et qu'elle ne saurait être, par suite de sa guérison, dépossédée de ses fonctions propres — nature guérie désignant nature mieux disposée à des fonctions propres** » (Louis Lachance, *L'Humanisme politique de saint Thomas d'Aquin – individu et État*).

De sorte que le combat temporel ou politique revienne *en droit* au laïc, que « le clergé soit amené à ne point participer à cette lutte […]**. [L'affaire] du laïc étant le combat, étant la garde, étant la défense de sa patrie, de son foyer »** (Jean Ousset, *Mission politique du laïcat*).

Le rejet du cléricalisme va de pair avec le rejet de l'absolutisme royal.

Ainsi, de la démocratie, « le fascisme conserve ce que l'on pourrait appeler les faits acquis de l'histoire ; mais il rejette tout le reste, c'est-à-dire la conception d'une doctrine bonne pour tous les temps et pour tous les peuples ». Le fascisme ne veut pas de retour à l'Ancien Régime, car il estime que ce dernier a fait son temps ; et cependant, il s'oppose sans équivoque aux idées de la Révolution et à la démocratie.

★

Le fascisme ne revient pas en arrière, parce qu'il instaure un ordre nouveau, un ordre politique davantage conforme à l'ordre naturel et à ses exigences. Il ne revient pas en arrière, parce qu'il fait de l'État un absolu, ce qui est un fait inédit dans l'histoire de l'humanité.

Le fascisme se veut le fondateur « [du] siècle "collectif", et, par conséquent, [du] siècle de l'État » ; « État » étant ici à entendre non pas au sens d'institution étatique, mais au sens de communauté politique. Pour le fascisme, l'État ne se réduit pas au Chef ; l'État, c'est l'ensemble des citoyens, c'est la Cité.

Pourquoi le fascisme est-il collectiviste, ou étatiste ? Parce qu'il comprend que la collectivité ou communauté politique est la plus parfaite des communautés : « **La communauté la plus parfaite est celle de la Cité, car elle est ordonnée à tout ce qui est nécessaire par soi à une vie humaine** » (saint Thomas, *Comm. Pol.*, Proem. 4) ; et même qu'elle est la plus parfaite des réalités immanentes, car elle est, sur cette terre, la seule entité véritablement autonome, ou autarcique, c'est-à-dire « capable de se suffire à elle-même » (*De Regno*, I, 1). Dans une perspective fasciste, « **la Cité n'est pas une communauté de lieu établie en vue d'éviter les injustices mutuelles et de permettre les échanges. [...] La Cité est la communauté ordonnée à la vie bonne, c'est-à-dire dont la fin est une vie parfaite et autarcique** » (Aristote, *Politiques*, III).

S'il est vrai que l'homme peut vivre par lui-même, en revanche il ne peut vivre *bien*, c'est-à-dire vivre *humainement*, par ses propres forces. L'homme en tant qu'homme, considéré en soi, ou comme une entité indépendante, n'est rien ; un homme seul n'est pas un homme.

Seul l'État ou la communauté politique, dans l'ordre naturel, est une réalité *par soi* en acte.

★

« La doctrine tend à diriger l'activité des hommes vers un objectif déterminé ; mais l'activité des hommes réagit sur la doctrine, la transforme, l'adapte aux nécessités nouvelles ou la dépasse. […] De là, le caractère pragmatique du fascisme. »

Le fascisme ne revient pas en arrière, parce qu'il voit bien que les circonstances concrètes changent, et qu'à de nouvelles circonstances doivent répondre de nouvelles méthodes, ou manières d'agir. Et c'est là être pragmatique, non pas au sens de relativiste, mais au sens de réaliste.

Le fascisme n'est pas relativiste, parce qu'il comprend qu'il existe un ordre naturel, inchangeable, identique en tout temps et en lieu ; il croit en « une réalité permanente et universelle à laquelle [la réalité passagère et particulière] emprunte son être et sa vie », et sait que « pour connaître les hommes il faut connaître l'homme, il faut connaître la réalité et ses lois » (*La Doctrine du fascisme*, I, 1). Et c'est pourquoi le fascisme, en tant que conforme à l'ordre naturel, se veut une doctrine universelle : « il a […] un contenu idéal qui l'élève au rang de vérité supérieure » (*ibid.*).

Et cependant, le fascisme n'est pas idéologue, mais se veut au contraire pragmatique, parce qu'il admet l'évolution des circonstances concrètes, liées « aux contingences de lieu et de temps » (*ibid.*). Il prend acte du fait que les mentalités changent, et donc que les façons d'agir qui convenaient hier ne conviennent plus aujourd'hui.

En somme, le fascisme est réaliste. En termes aristotéliciens, nous dirons que le fascisme est une forme universelle d'État ou de régime politique, mais appelée à être individuée selon les contingences de temps et de lieu.

★

Le fascisme veut en finir avec l'ordre corrompu de la démocratie ; il s'inscrit donc dans la contre-Révolution.

Mais la contre-Révolution que le fascisme propose n'est pas un retour en arrière, ou le « contraire de la révolution » prôné par de Maistre ; c'est plutôt une révolution contraire. Le fascisme sait en effet qu'avant de reconstruire, il faudra d'abord déconstruire : « Si le socialisme est destructif et veut faire disparaître les derniers vestiges de la spiritualité, avant de construire son athéisme et son matérialisme, **le fascisme comporte aussi un travail de destruction, destruction de tout le désordre accumulé par la démocratie moribonde**, avant de construire son régime spiritualiste, qui doit imposer le respect de la Charité dans toutes les manifestations sociales de l'individu » (Adrien Arcand, *Serviam*).

Et, dans la mesure où le fascisme est révolutionnaire, sa position se veut « pragmatique […] à l'égard du fait *violence* et de sa valeur ».

En effet, le fascisme admet une forme de violence. Car on ne détruit une violence injuste — c'est-à-dire quelque chose qui s'oppose à l'ordre naturel, qui est contre nature — que par une autre violence, qui, en tant que détruisant la première violence et remettant ainsi les choses en ordre, est *de soi* juste.

À une époque contre nature, on ne peut donc opposer que la violence du fascisme : « La violence que le fascisme emploie **se justifie** dès que l'on comprend l'époque présente, qui est une époque de violence » (abbé Julio Meinvielle, *Conception catholique de l'économie*).

La violence n'est certes pas un absolu, une fin en soi ; mais elle est un moyen **nécessaire** — et donc légitime — pour parvenir à la restauration d'une société conforme à l'ordre naturel voulu par Dieu.

Le fascisme est tout simplement réaliste.

8. Valeur et mission de l'État

Le principe essentiel de la doctrine fasciste est la conception de l'État, de son essence, de son rôle, de ses fins. **Pour le fascisme, l'État est l'absolu devant lequel les individus et les groupes ne sont que le relatif. Individus et groupes ne sont concevables que dans l'État.** *L'État libéral ne dirige pas le jeu et le développement matériel et spirituel des collectivités, mais se limite à enregistrer les résultats. L'État fasciste est conscient, il a une volonté et c'est pourquoi il est qualifié d'État « éthique ».*

En 1929, je disais à la première assemblée quinquennale du Régime :

« **Pour le fascisme, l'État n'est pas le veilleur de nuit qui ne s'occupe que de la sécurité personnelle des citoyens. Ce n'est pas non plus une organisation à fins purement matérielles, comme celle de garantir un certain bien-être**, *ou des rapports sociaux relativement pacifiques, auquel cas un Conseil d'Administration suffirait.* **Ce n'est pas non plus une création de politique pure**, *sans contacts avec la réalité matérielle et complexe de la vie des individus et de celle des peuples.*

« **L'État, tel que le fascisme le conçoit et le réalise, est un fait spirituel et moral, car il concrète l'organisation politique, juridique et économique de la nation, et cette organisation, dans sa genèse et dans son développement, est une manifestation de l'esprit.** *L'État est le garant de la sécurité intérieure et extérieure, mais* **il est aussi le gardien et le transmetteur de l'esprit du peuple, tel qu'il s'est formé au cours des siècles dans la langue, dans les coutumes et dans la foi.** *L'État n'est pas seulement le présent, mais aussi le passé et surtout l'avenir.* **C'est l'État qui, dépassant les étroites limites des vies individuelles, incarne la conscience immanente de la nation.** *Les formes sous lesquelles se manifestent les États changent, mais la nécessité demeure.*

« C'est l'État qui forme les individus aux vertus civiques, les rend conscients de leur devoir, les amène à l'unité ; il harmonise leurs intérêts dans la justice ; il transmet les conquêtes de la pensée dans le domaine des sciences, des arts, du droit et de la solidarité humaine ; il élève les hommes de la vie élémentaire de la tribu à la plus haute expression humaine de puissance, qui est l'empire ; il transmet à travers les siècles le nom de ceux qui moururent pour son intégrité ou pour obéir à ses lois ; il donne en exemple et recommande aux générations futures les capitaines qui ont accru son territoire et les génies qui l'ont auréolé de gloire. ***Quand le sens de l'État s'affaiblit et que prévalent les tendances dissolvantes et centrifuges des individus ou des groupes, les nations marchent à leur déclin.*** »*

★

« Pour le fascisme, l'État est l'absolu devant lequel les individus et les groupes ne sont que le relatif. Individus et groupes ne sont concevables que dans l'État. »

L'État est l'absolu, en ce sens que la communauté politique est la « communauté parfaite » (saint Thomas, *De Regno*, I, 1), de telle sorte qu'individus et groupes lui sont ordonnés, puisque « ce qui est imparfait est ordonné à ce qui est parfait » (saint Thomas, *Somme théologique*, I, 68, 1) — c'est-à-dire finalisé par lui.

★

« Pour le fascisme, l'État n'est pas le veilleur de nuit qui ne s'occupe que de la sécurité personnelle des citoyens. »

La conception fasciste de l'État n'est pas libérale. Dans la doctrine du fascisme, l'État n'a pas uniquement pour charge de veiller à l'ordre et à la sécurité des individus.

« La Cité n'est pas une communauté de lieu établie en vue d'éviter les injustices mutuelles et de permettre les échanges.

[...] **La Cité est la communauté ordonnée à la vie bonne, c'est-à-dire dont la fin est une vie parfaite et autarcique** » (Aristote, *Politiques*, III) ;

« **Il [*Léon XIII*] ne craint pas d'enseigner que l'État n'est pas seulement le gardien de l'ordre et du droit, mais qu'il doit travailler énergiquement à ce que, par tout l'ensemble des lois et des institutions, "la constitution et l'administration de la société fassent naturellement fleurir le bien-vivre public"** » (Pie XI, *Quadragesimo anno*).

★

« **Ce n'est pas non plus une organisation à fins purement matérielles, comme celle de garantir un certain bien-être.** »
Si la conception fasciste de l'État n'est pas la conception libérale, elle n'est pas non plus la conception socialiste, pour laquelle la finalité de l'État est d'ordre purement matériel ou économique ; mais elle estime au contraire que la finalité de l'État est d'ordre spirituel.

« **La fin de la société humaine est la vie selon la vertu** » (*De Regno*, II, 3).

★

« **Ce n'est pas non plus une création de politique pure.** »
L'État ou la communauté politique, pour le fascisme, n'est pas le résultat d'un « contrat social », mais est un fait naturel, puisque l'homme est par nature social et politique, et donc fait pour vivre dans un État.

« **Il est *naturel* à l'homme de vivre en société** » (*De Regno*, I, 1).

★

« L'État, tel que le fascisme le conçoit et le réalise, est un fait spirituel et moral, car il concrète l'organisation politique, juridique et économique de la nation, et cette organisation, dans sa genèse et dans son développement, est une manifestation de l'esprit. »

Puisque la fin de la société est l'unité dans la vertu, et qu'une telle fin est spirituelle ; puisque c'est à l'État de poursuivre cette fin, et que la cause a nécessairement au moins autant de réalité que son effet (« la cause est plus parfaite que son effet », *Somme théologique*, I, 60, 4) ; il s'ensuit que l'État est un « fait spirituel et moral », et qu'il est par conséquent « une manifestation de l'esprit » humain.

★

« Il [*l'État*] est aussi le gardien et le transmetteur de l'esprit du peuple, tel qu'il s'est formé au cours des siècles dans la langue, dans les coutumes et dans la foi. »

Puisque l'État est au service du Bien commun de la Cité, et que le Bien commun consiste dans l'unité (*De Regno*, I, 2), il s'ensuit que l'État doit se donner pour fin de conserver l'unité de la Cité.

Or, l'unité d'une Cité se construit principalement autour de mœurs, d'une foi ou d'une tradition, et de coutumes multiples.

« **Elles [***les mœurs, les traditions et les coutumes d'une nation***] constituent vraiment un patrimoine commun. [...] Est-il besoin d'ajouter que ce sont elles qui sont surtout responsables du mode particulier que revêt le Bien commun de chaque nation ?** » (Père Louis Lachance, *L'Humanisme politique de saint Thomas d'Aquin*, p. 247-248).

★

« C'est l'État qui, dépassant les étroites limites des vies individuelles, incarne la conscience immanente de la nation. »

La nation est une individuation de la nature humaine à l'échelle collective, de sorte qu'elle possède en elle une conscience et une volonté — qui sont celles de tous les membres de la nation en tant qu'ils appartiennent à la même nation.

Or, l'État est au peuple ce que l'âme est au corps : « Les hommes étant nombreux et chacun pourvoyant à son bien particulier, leur société se désagrégerait s'il n'y avait un principe pourvoyant au bien de cette multitude ; de même que le corps de l'homme ou d'un animal quelconque se dissoudrait, s'il n'y avait dans ce corps une force directrice commune [*une âme*] tendant au bien commun de tous les membres » (*De Regno*, I, 1) ; de sorte que l'État est à la nation ce que la forme est à la matière.

C'est donc l'État qui actualise, ou incarne, la conscience et la volonté de la nation.

★

« C'est l'État qui forme les individus aux vertus civiques, les rend conscients de leur devoir, les amène à l'unité ; il harmonise leurs intérêts dans la justice ; il transmet les conquêtes de la pensée dans le domaine des sciences, des arts, du droit. »
C'est l'État qui « forme les individus aux vertus civiques, les rend conscients de leur devoir » : « il est évident que la fin d'une multitude réunie en société est de vivre selon la vertu : en effet, les hommes se réunissent pour bien vivre ensemble, but que ne peut atteindre l'homme isolé ; or, bien vivre, c'est vivre selon la vertu ; donc la fin de la société humaine est la vie selon la vertu » (*De Regno*, II, 3) ; or, la fin de la Cité n'est autre que le Bien commun de ses membres, et c'est l'État qui a charge du Bien commun de la Cité ; de sorte qu'il revient à l'État de rendre les citoyens vertueux.

C'est l'État qui « les amène [*les citoyens*] à l'unité » : « **C'est à cela que doit par-dessus tout s'appliquer celui qui dirige la collectivité humaine : procurer l'unité** » (*ibid.*, I, 2) ; or, c'est l'État qui dirige la collectivité humaine.

C'est l'État qui « harmonise leurs intérêts [*les intérêts des citoyens*] dans la justice » : en effet, il est le détenteur de la force publique, or « **la force a une utilité générale qui est de maintenir l'ordre de la justice tout entier** » (*Somme théologique*, II-II, 123, 12).

Enfin, c'est l'État qui « transmet les conquêtes de la pensée dans le domaine des sciences, des arts, du droit » : parce que la fin de l'État est le « bien-vivre » de la multitude, et que ce bien-vivre consiste principalement dans le *contempler*, l'*agir* politique, et le *faire*, il s'ensuit que les sciences spéculatives (à commencer par la philosophie et la théologie), le droit — au sens de l'ensemble des lois qui garantissent la justice dans la Cité —, ainsi que les arts, ont une place tout à fait capitale dans la Cité ; or c'est à l'État qu'il incombe de procurer le bien-vivre aux citoyens ; de sorte qu'il est le protecteur naturel des sciences, des arts et du droit.

★

« Quand le sens de l'État s'affaiblit et que prévalent les tendances dissolvantes et centrifuges des individus ou des groupes, les nations marchent à leur déclin. »

Puisque l'État a un rôle de premier plan dans la société humaine, qu'il est en particulier nécessaire pour assurer l'unité de cette dernière, il s'ensuit qu'une nation qui perd le sens de l'État court à sa perte.

Quand le sens du Bien commun disparaît au profit des biens particuliers des individus ou des groupes sociaux, c'est toute la communauté politique qui s'effondre.

9. L'Unité de l'État et les contradictions du capitalisme

Depuis 1919, l'évolution économique et politique universelle a encore renforcé cette position doctrinale. L'État est devenu un géant. **C'est l'État qui peut résoudre les contradictions dramatiques du capitalisme.** *Ce qu'on appelle la crise ne peut être résolu que par l'État et dans l'État. Où sont les ombres des Jules Simon qui, à l'aube du libéralisme, proclamaient que l'« État doit travailler à se rendre inutile et à préparer sa démission » ? Où sont les ombres des Mac Culloch qui, dans la seconde moitié du siècle dernier, affirmaient que l'État doit se garder de trop gouverner ? Et que diraient, en présence des interventions continuelles, sollicitées et inévitables de l'État dans les affaires économiques, l'Anglais Bentham, selon lequel l'industrie n'aurait dû demander à l'État que de lui laisser la paix, ou l'Allemand Humboldt, d'après lequel l'État « oisif » doit être considéré comme le meilleur ? Il est vrai que la seconde génération des économistes libéraux fut moins extrémiste que la première et que Smith lui-même ouvrait la porte — bien que prudemment — aux interventions de l'État dans le domaine économique.*

Si libéralisme veut dire individu, le fascisme signifie État. Mais l'État fasciste est unique et c'est une création originale. Il n'est pas réactionnaire, mais révolutionnaire, en ce sens qu'il devance la solution de certains problèmes universels, *posés d'ailleurs, — dans le domaine politique — par le fractionnement des partis, par les abus de pouvoir du parlementarisme, par l'irresponsabilité des Assemblées ; — dans le domaine économique — par les fonctions syndicales toujours plus nombreuses et plus puissantes, tant du côté ouvrier que du côté patronal, à la fois par leurs conflits et leurs ententes ; — dans le domaine moral — par la nécessité de l'ordre, de la discipline, de l'obéissance aux règles morales de la patrie.*

Le fascisme veut que l'État soit fort, organisé, et qu'il repose en même temps sur une large base populaire. L'État fasciste a également revendiqué pour lui le domaine de l'économie ; et par les institutions corporatives, sociales, éducatives, qu'il a créées, le sens de l'État arrive jusqu'aux ramifications extrêmes du pays et, dans l'État, circulent, encadrées dans leurs organisations respectives, toutes les forces politiques, économiques et spirituelles de la nation.

Un État qui s'appuie sur des millions d'individus qui le reconnaissent, le sentent et sont prêts à le servir, n'est pas l'État tyrannique du seigneur du Moyen Âge. Il n'a rien de commun avec les États absolutistes d'avant ou d'après 1789. **L'individu dans l'État fasciste n'est pas annulé, mais bien plutôt multiplié, de même que dans un régiment un soldat n'est pas diminué, mais multiplié par le nombre de ses compagnons d'armes.** *L'État fasciste organise la nation, mais il laisse cependant aux individus une marge suffisante ; il a limité les libertés inutiles ou nuisibles, mais il a conservé les libertés essentielles.*

Dans ce domaine, l'État seul est juge, et non l'individu.

« C'est l'État qui peut résoudre les contradictions dramatiques du capitalisme. »

Le capitalisme a apporté, avec lui, la désunion de la société. Il a en effet divisé cette dernière en deux « classes » : d'un côté, la bourgeoisie ; de l'autre, le prolétariat. Et il a eu pour conséquence l'apparition du marxisme et de la lutte des classes.

Or, seule l'autorité politique peut ramener une société désunie à l'unité. Et l'autorité politique, c'est l'État. Par conséquent, seul l'État est en mesure de résoudre les contradictions du capitalisme. Or, c'est précisément la mission que le fascisme s'est donnée : redonner l'unité à la Cité, par l'État, et dans l'État.

Et c'est pourquoi « si libéralisme veut dire individu, le fascisme signifie État » : le fascisme ne considère pas la communauté politique comme une somme d'individus, mais comme une communauté réellement unie : il l'assimile à l'État, qui est *par nature* un.

★

« L'État fasciste est unique et c'est une création originale. Il n'est pas réactionnaire, mais révolutionnaire, en ce sens qu'il devance la solution de certains problèmes universels. »

L'État fasciste n'est pas réactionnaire, en ce sens qu'il ne souhaite pas « revenir en arrière » comme si la société n'avait pas changé, comme s'il n'y avait pas de nouveaux problèmes à résoudre.

Mais il veut au contraire s'attaquer à ces nouveaux problèmes ; et c'est en ce sens qu'il est « révolutionnaire ». Il veut en particulier donner au peuple une nouvelle unité, qui passe par une conscience nationale aiguë et une réelle organicité du Tout, c'est-à-dire une unité de volonté et d'action ; et c'est pourquoi il est *nationaliste* et *organiciste*.

★

« Le fascisme veut que l'État soit fort, organisé, et qu'il repose en même temps sur une large base populaire. »

Puisque c'est à l'État d'assurer le Bien commun de la Cité, il est nécessaire qu'il soit fort, ou puissant, c'est-à-dire qu'il possède tous les moyens nécessaires pour l'assurer. Il faut aussi qu'il soit organisé, parce que la poursuite du Bien commun nécessite que tout, dans la Cité, soit disposé de manière à pouvoir être ordonné au Bien commun.

Mais si l'État fasciste est autoritaire, il est aussi organiciste : il veut s'appuyer sur la plus grande part des citoyens — sinon sur tous —, car il sait que le Bien commun sera d'autant plus facilement atteint que tous les citoyens le poursuivront, en se conformant volontiers aux injonctions de l'État.

Et c'est la raison pour laquelle « l'individu dans l'État fasciste n'est pas annulé, mais bien plutôt multiplié, de même que dans un régiment un soldat n'est pas diminué, mais multiplié par le nombre de ses compagnons d'armes ». La communauté politique est telle une armée : quand tous les individus font le sacrifice de leur intérêt particulier pour s'ordonner au Bien commun, qui est la victoire du Tout, c'est là qu'ils trouvent en réalité leur plus grand bien, puisque cette victoire est aussi la victoire de *tous*.

★

« L'État fasciste a également revendiqué pour lui le domaine de l'économie. »

Parce qu'il n'est pas de bien-vivre sans vivre — comme il n'est pas de forme sans matière —, la prospérité économique de la nation est nécessaire pour que le Bien commun ou le bonheur collectif de cette nation soit possible.

Or c'est l'État qui a charge du Bien commun. De sorte qu'il est tout à fait en droit de s'occuper de la chose économique, en particulier de la protection des ouvriers, notamment grâce aux corporations étatiques.

Pour rappel : « **De même donc que, par tous ces moyens, l'État peut se rendre utile aux autres classes, de même il peut grandement améliorer le sort de la classe ouvrière. Il le fera dans toute la rigueur de son droit et sans avoir à redouter le reproche d'ingérence, car en vertu même de son office, l'État doit servir le Bien commun** » (Léon XIII, *Rerum novarum*).

Les catholiques ont parfois tendance à l'oublier…

★

« Dans ce domaine [*dans le domaine du droit*], l'État seul est juge, et non l'individu. »

Parce que le droit — c'est-à-dire la juste répartition des choses — est l'une des principales constituantes du Bien commun, et que c'est à l'État, et non à l'individu, qu'il appartient de déterminer ce qui est bon pour la communauté, il s'ensuit que seul l'État est juge en matière de droit.

L'État fasciste ne veut pas de « droits subjectifs » qui ne soient pas en adéquation avec le Bien commun de la Cité ; et il ne tolère pas que des individus revendiquent de tels droits. C'est à l'État, et non à un individu ou à un quelconque autre organisme que l'État, de déterminer qui a droit à quoi dans la communauté politique.

10. L'État fasciste et la Religion

L'État fasciste ne reste indifférent ni en face du fait religieux en général, ni en face de cette religion positive particulière qu'est le catholicisme italien. L'État n'est pas une théologie, mais il est une morale. Or, dans l'État fasciste, la religion est considérée comme une des manifestations les plus profondes de l'esprit ; en conséquence, elle est non seulement respectée, mais aussi défendue et protégée. L'État fasciste ne crée pas un « Dieu » particulier comme Robespierre a voulu le faire, un jour, dans l'extrême délire de la Convention ; il ne cherche pas non plus vainement à l'effacer des âmes, ainsi que le bolchevisme. Le fascisme respecte le Dieu des ascètes, des saints, des héros, et même le Dieu que voit et prie le cœur ingénu et primitif du peuple.

« L'État fasciste ne reste indifférent ni en face du fait religieux en général, ni en face de cette religion positive particulière qu'est le catholicisme italien. »

Le fascisme est inséparable d'une conception religieuse. Car le fascisme est spiritualiste, il croit en la vocation transcendante de l'homme ; de sorte qu'il ne peut pas ne pas adhérer à l'existence de Dieu. Mais, si Dieu existe, alors la première des justices est celle qui consiste à rendre à Dieu le culte qui lui est dû, puisque l'on doit tout à Dieu, à commencer par notre existence. Or cette vertu se nomme la vertu de religion : « **La religion présente ses soins et ses cérémonies à une nature d'un ordre supérieur qu'on nomme divine** » (Cicéron, *La République*) ; « **Il appartient à la religion de rendre à Dieu l'honneur qui lui est dû** » (saint Thomas, *Somme théologique*, II-II, 81, 2). Et la vertu de religion, en tant qu'elle relève de l'ordre naturel des choses, est donc **naturelle** (une telle vertu aurait existé même dans un état de pure nature).

De sorte que le fascisme, qui est une conception non seulement politique mais aussi morale, ne peut rester « indifférent en face du fait religieux en général », c'est-à-dire de l'existence naturelle de la religion.

Mais s'il n'ignore pas le fait religieux en général, il ne peut ignorer non plus « cette religion positive particulière qu'est le catholicisme italien ». « Positive », car le catholicisme n'est pas une religion « naturelle », mais une religion instituée par Dieu Lui-même. Et, en tant qu'elle est la Religion instituée par Dieu, le fascisme ne peut la considérer que comme la Religion par excellence.

D'aucuns diront que, si Mussolini a signé un Concordat avec le Saint-Siège (en 1929), s'il a fait de la « Religion catholique, apostolique et romaine […] la seule Religion de l'État italien », c'est avant tout par pragmatisme, puisque la Religion catholique était celle de l'immense majorité des Italiens. Et c'est sans doute vrai. Mais cela montre tout de même l'attachement du fascisme au catholicisme ; car, s'il n'avait pas été attaché à lui, un tel Concordat n'aurait jamais été signé ; et, s'il y avait été opposé, il ne se serait pas privé de l'attaquer de front : la Convention s'y attaqua alors même que la majorité des français étaient catholiques, et le bolchevisme combattit la religion orthodoxe cependant qu'elle était celle de la quasi-totalité du peuple russe.

Et si le fascisme reconnaît la Religion catholique comme « la *seule* religion », c'est parce qu'elle est la seule *religion*, c'est-à-dire la seule à relier effectivement l'homme à Dieu, le fini à l'Infini. En effet, pour que le fini soit relié à l'Infini, il faut soit que le fini s'infinitise, soit que l'Infini se finitise ; or le fini ne peut s'infinitiser par ses propres forces ; de sorte que c'est à l'Infini de se finitiser, à Dieu de se faire homme, de prendre chair, de s'*incarner*. Or la seule religion de l'Incarnation est la Religion catholique, qui considère que le Christ n'est autre que la Deuxième Personne de la Sainte Trinité incarnée, qu'Il est à la fois *vrai Dieu* et *vrai homme*.

Pour rappel : « **La nature même de Dieu, c'est l'essence de la bonté, comme le montre Denys. Aussi, tout ce qui appartient à l'idée de bien convient à Dieu. Or, il appartient à l'idée de bien qu'il se communique à autrui [...]. Aussi appartient-il à l'idée du souverain Bien qu'il se communique souverainement à la créature. Et cette souveraine communication ne se réalise que lorsque Dieu "s'unit à la nature créée de façon à ne former qu'une seule personne de ces trois réalités : le Verbe, l'âme et la chair" selon saint Augustin. La convenance de l'Incarnation apparaît donc à l'évidence** » (*Somme théologique*, III, 1, 1).

Par conséquent, la Religion catholique est la seule à pouvoir porter le nom de « religion » ; et c'est pourquoi le fascisme, qui ne saurait demeurer indifférent en face du fait religieux — puisqu'il est spiritualiste —, ne peut qu'adhérer au catholicisme.

N'en déplaise aux catholiques antifascistes — mais ces gens-là sont-ils vraiment catholiques ? — et aux fascistes anti-catholiques — mais sont-ils vraiment fascistes ? —, la politique fasciste et la Religion catholique sont, non seulement historiquement, mais aussi *essentiellement* liées.

★

« L'État n'est pas une théologie, mais il est une morale. Or, dans l'État fasciste, la religion est considérée comme une des manifestations les plus profondes de l'esprit ; en conséquence, elle est non seulement respectée, mais aussi défendue et protégée. »

Lorsque Mussolini affirme que l'État n'est pas une « théologie » mais une « morale », il entend signifier que la chose politique ne relève pas de l'ordre surnaturel, mais de l'ordre naturel en sa partie spirituelle. Il y a en effet, dans le fascisme, une distinction claire entre l'ordre surnaturel et l'ordre naturel — y compris dans sa partie la plus haute, qui est celle de l'esprit — ; et, par conséquent, une distinction également claire entre la chose religieuse et la chose politique, et un refus catégorique de toute confusion entre ces deux domaines. Or, cela est tout à fait conforme à l'esprit du catholicisme, qui est la seule religion à reconnaître au politique son autonomie, car la seule à reconnaître un ordre naturel distinct de l'ordre surnaturel : « **Il y a un ordre divin naturel ; et un autre, surnaturel** » (abbé Julio Meinvielle, *Conception catholique de la politique*).

Mais la religion est une vertu naturelle, avons-nous dit, et elle est même la « manifestation la plus profonde de l'esprit » humain ; de sorte qu'elle regarde l'État, et que ce dernier ne peut l'ignorer. Par conséquent, **il est rationnel que la Religion catholique, qui est la seule religion, soit celle de l'État en tant qu'elle est la seule *religion* ; même si elle est d'essence surnaturelle, elle répond à un devoir naturel que l'État ne saurait ignorer, précisément en tant qu'il est *naturel*.**

Aussi le fascisme, quoiqu'il distingue bien le domaine politique du domaine religieux, ne les sépare cependant pas, mais au contraire les unit. Et cela est bien conforme, une fois de plus, à une saine vision catholique des choses : « **L'État doit être catholique, car tout ce qui est humain doit par nature rendre un culte à Dieu, et que l'État est chose essentiellement humaine** » (abbé Julio Meinvielle, *op. cit.*).

Et c'est pourquoi la Religion catholique est « non seulement respectée » par l'État fasciste, « mais aussi défendue et protégée ».

★

« L'État fasciste ne crée pas un "Dieu" particulier comme Robespierre a voulu le faire, un jour, dans l'extrême délire de la Convention ; il ne cherche pas non plus vainement à l'effacer des âmes, ainsi que le bolchevisme. Le fascisme respecte le Dieu des ascètes, des saints, des héros, et même le Dieu que voit et prie le cœur ingénu et primitif du peuple. »

Contrairement à ce que l'on a pu dire, le fascisme historique n'a jamais cherché à créer une nouvelle religion positive, ainsi que les idéologues de la Révolution française tentèrent de le faire ; et encore moins à supprimer le fait religieux comme les régimes communistes, dont l'essence matérialiste les conduisit logiquement à combattre tout ce qui venait de l'esprit.

Au contraire, le fascisme, en tant qu'il est « réaliste » et « spiritualiste », adhère à la Religion catholique, qui, comme le fait justement remarquer Mussolini, est bien celle « des ascètes, des saints et des héros ».

On se rappellera, au passage, l'essence authentiquement « virile » de la Religion catholique, qui est un message de foi et de combat, de patience et de persévérance, d'abnégation et de sacrifice.

Un message avec lequel le fascisme est — on en conviendra facilement — en parfaite adéquation.

11. Empire et discipline

L'État fasciste est une volonté de puissance et de domination. La tradition romaine est ici une idée de force. Dans la doctrine du fascisme, l'empire n'est pas seulement une expression territoriale, militaire ou marchande, mais spirituelle et morale. On peut concevoir un empire, c'est-à-dire une nation qui, directement ou indirectement, guide d'autres nations, sans que la conquête d'un kilomètre carré de territoire soit nécessaire. Pour le fascisme, l'aspiration à l'empire, c'est-à-dire à l'expansion des nations, est une manifestation de vitalité : son contraire, l'esprit casanier, est un signe de décadence. Les peuples qui naissent ou ressuscitent sont impérialistes, les peuples qui meurent sont des renonciateurs.

Le fascisme est la doctrine la plus apte à représenter les tendances, les états d'âme d'un peuple qui, comme le peuple italien, ressuscite après de longs siècles d'abandon ou de servitude étrangère. Mais l'empire exige la discipline, la coordination des efforts, le devoir et le sacrifice. Et cela explique de nombreux aspects de l'action pratique du Régime : la direction imprimée aux forces multiples de l'État et la **sévérité nécessaire contre ceux qui voudraient s'opposer à ce mouvement** spontané et fatal de l'Italie du XXe siècle, et s'y opposer en agitant les idéologies périmées du XIXe siècle, idéologies répudiées partout où l'on a osé de grandes expériences de transformation politique et sociale. En ce moment plus que jamais **les peuples ont soif d'autorité, de direction, et d'ordre**. Si chaque siècle a sa doctrine, mille indices montrent que celle du siècle présent est le fascisme. Le fascisme est une doctrine de vie, car il a suscité une foi ; et cette foi a conquis les âmes, car le fascisme a eu ses morts et ses martyrs.

La doctrine du fascisme a désormais, dans le monde entier, l'universalité qu'ont toutes les doctrines qui, en s'actualisant, représentent une époque dans l'histoire de l'esprit humain.

« L'État fasciste est une volonté de puissance et de domination. **La tradition romaine est ici une idée de force.** »

Voilà une affirmation qui, en apparence, semble davantage s'accorder avec le nietzschéisme paganisant qu'avec la philosophie thomiste.

Cependant, il nous faut rappeler que la vertu de force, et la volonté de vaincre qui l'accompagne, ont toute leur place dans la morale de saint Thomas, et même, on peut le dire, une place relativement importante.

Il nous paraît donc ici opportun de nous attarder quelque peu sur l'importance de cette vertu.

Des quatre vertus cardinales — prudence, justice, force, tempérance —, la force est peut-être la plus oubliée à notre époque, y compris, malheureusement, chez un grand nombre de catholiques.

C'est un fait que les notions associées à la vertu de force — les convictions, les valeurs et les biens pour lesquels on s'engage, la fidélité à ces engagements, les sacrifices qu'impose une telle fidélité — sont dépréciées de nos jours. Comment parler de convictions dans une société saturée de libéralisme et pour laquelle la vérité n'existe plus ? Comment parler de fidélité quand l'une des principales fidélités, la fidélité conjugale, est ridiculisée ? Comment parler de sacrifice dans un monde voué au bien-être ? La vertu de force est opposée à l'esprit même de la modernité.

Pour rappel, la force, c'est avant tout la fermeté de l'âme dans le bien : « **La force, considérée comme une certaine fermeté de l'âme, est la vertu en général, ou plutôt la condition générale de toute vertu** » (saint Thomas, *Somme théologique*, II-II, 123, 2) ; « **La force résumant éminemment en elle la condition nécessaire à toute vertu, à savoir la fermeté dans le bien, c'est à juste titre qu'elle est considérée comme vertu cardinale** » (*ibid.*, II-II, 123, 11). La force a donc une place tout à fait centrale dans la morale.

Elle est une fermeté de l'âme dans les périls corporels, et dans ceux qui menacent l'essence de l'homme ; « [La vertu de force] ne consiste pas seulement à tenir ferme dans les périls corporels, mais à maintenir l'essence de l'homme, et avant tout sa nature d'"animal politique" tant au plan naturel qu'au plan surnaturel, contre les dangers de plus en plus nombreux qui la menacent de mort, et à contre-attaquer les ennemis qui pullulent autour d'elle et tentent de l'asservir, de la transformer pour l'anéantir » (Marcel De Corte, *De la force*).

La finalité de la force, c'est le bien, c'est la justice : « **La force a une utilité générale qui est de maintenir l'ordre de la justice tout entier** » (*Somme théologique*, II-II, 123, 12).

Le principe de la force est double : il est à la fois naturel et surnaturel ; « Saint Thomas n'isole même pas ici [*dans la question sur la force*] l'ordre surnaturel de l'ordre naturel. Le martyre est pour lui un acte de la vertu de force humaine, surélevé par la grâce. Il n'y a donc qu'une seule vertu de force, mais qui se situe, selon les deux finalités qu'elle soutient, sur deux plans verticalement distincts. "Dans l'acte de force, il faut considérer deux choses : le bien dans lequel le fort demeure inébranlable, et que la force a pour fin ; et la fermeté qui rend invincible à tout ce qui voudrait détacher de ce bien, et qui constitue l'essence même de la force. Or de même que la force qui est une vertu naturelle rend l'homme fidèle à la justice humaine et la lui fait défendre au péril de sa vie, la force, vertu surnaturelle, rend l'homme inébranlable dans 'la justice de Dieu qui est par la foi de Jésus-Christ' (Romains, 3, 22). La foi, à laquelle on reste attaché, est donc la fin de l'acte du martyre ; la force est l'habitus qui produit cet acte" » (Marcel De Corte, *op. cit.*). C'est donc la même vertu que pratique le soldat qui meurt pour sa patrie et le martyr qui meurt pour la foi.

La force a deux aspects principaux : le *sustinere*, qui est le fait de supporter les épreuves qui s'imposent à nous, et l'*aggredi*, qui consiste à combattre les maux qu'il nous appartient d'éradiquer. « **La vertu de force a pour fonction d'écarter l'obstacle qui empêche la volonté d'obéir à la raison. Or, reculer devant une** difficulté, c'est le propre de la crainte qui fait battre en retraite devant un mal difficile à vaincre. La force a donc pour objet principal la crainte des difficultés, susceptible d'empêcher la volonté d'être fidèle à la raison. D'autre part, il faut non seulement soutenir fermement les chocs des difficultés en réprimant la crainte, mais aussi les attaquer avec modération [*au sens de direction*], lorsqu'il faut en venir à bout pour assurer l'avenir, ce qui est évidemment la fonction de l'audace. La force a bien donc pour objet à la fois la crainte et l'audace, l'une pour la réprimer, l'autre pour la modérer [*c'est-à-dire la diriger*] » (*Somme théologique*, II-II, 123, 3).

Marcel De Corte précise bien en quel sens doit être compris le mot « modération » utilisé ici : « **Il ne faudrait pas se méprendre sur le sens qu'Aristote et saint Thomas attribuent à la modération, à la mesure. Modéré ne signifie nullement ici peu intense, assez faible [...]. Mesuré ne signifie pas davantage compassé, lent. La modération N'implique pas non plus l'exclusion totale de la crainte [...]. La force inclut une certaine peur dominée et par là rendue capable, chez celui qui la ressent et la surmonte, de ne point reculer devant ce qu'il y a d'ardu dans son objet, tout en lui maintenant sa grande difficulté. Elle inclut également une audace maîtrisée, qui ne fonce pas à l'aveugle dans le danger. La force n'est pas un milieu entre la crainte et l'audace ni un mélange plus ou moins dosé des deux, dans le même plan qu'elles. Elle se situe sur un plan supérieur où elle contrôle la réalité concrète de leur objet [...]. La force est une vertu de l'âme. Elle informe la crainte et l'audace, comme la forme la matière. Elle en détermine donc la qualité et la quantité. Elle les apprécie, les évalue, en marque les limites. Étant leur règle, elle s'impose à elles. Dans une hiérarchie, elle occupe donc un degré, une place au-dessus d'elles** » (*De la force*). Si la crainte doit être réprimée, l'audace, elle, doit être dirigée, c'est-à-dire orientée vers une finalité conforme à la raison.

Des deux aspects de la force, le plus capital est le premier, à savoir le *sustinere*, car il est plus dur de réprimer la crainte que de diriger l'audace : « La vertu de force se définissant en son essence par son degré supérieur, se trouvera ainsi dans l'acte de supporter le danger en chassant la crainte, plutôt que dans l'acte de ramener l'audace à sa juste mesure » (*ibid.*). Mais il ne faudrait pas en oublier pour autant l'*aggredi*, qui a bien son importance, surtout à une époque où non seulement l'ordre surnaturel mais aussi l'ordre naturel sont attaqués de toute part ; « **Du fait que l'acte principal de la force soit de résister, il ne faudrait pas conclure qu'il consiste uniquement dans la défensive [...]. La vertu de force implique secondairement, mais nécessairement, l'attaque** » (*ibid.*).

La force, avec la justice — qui est *radicalement* le fait de s'ordonner au Bien commun de la Cité —, sont les deux vertus cardinales les plus importantes ; et en fait, elles sont intimement liées : « **La corrélation entre la justice et la force, dit saint Thomas, consiste en ceci que la force a pour objet les difficultés, et que c'en est une et immense, non seulement de faire les œuvres de vertu communément appelées œuvres de justice, axées sur le Bien commun [...], mais encore de le faire avec cet insatiable désir qu'on peut désigner par la faim et la soif de la justice** » (*ibid.*).

Un grand nombre de catholiques, malheureusement, rejettent l'idée de force au nom de la douceur du Christ (de même, d'ailleurs, que beaucoup rejettent l'honneur, ou le service de la Cité, au nom de l'humilité prêchée par Lui).

À ces catholiques, il faut rappeler que, « s'il faut apprendre de Jésus-Christ qu'Il est doux, il ne faut pas moins apprendre de Lui qu'Il est fort. **Comme il y a une douceur nécessaire, il y a aussi une douceur interdite, et comme il y a une haine interdite, une colère interdite, une violence interdite, il y a aussi *une haine, une colère, une violence qui sont ordonnées*** » (Mgr Gay, *Sermons d'Avent*).

Dans une perspective thomiste, la force est une vertu cardinale, et même, en un sens, la vertu la plus haute. Voilà ce que disait Mgr Freppel, qui fut le grand artisan de la résurrection du thomisme au XIXe siècle : « **Parmi les vertus cardinales, il en est une qui a un caractère plus marqué de grandeur et de noblesse. C'est elle qui nous soutient dans la bonne comme dans la mauvaise fortune, en nous rendant supérieurs à toutes les vicissitudes de ce monde. Les âmes s'élèvent ou s'abaissent avec elle, actives et généreuses, quand elle leur communique son impulsion, languissantes et inertes, du moment qu'elle vient à leur faire défaut. Tout ce qu'il y a d'énergie dans le monde moral découle de cette source première : le courage civil, la vertu militaire, le dévouement sacerdotal, la constance et la fermeté dans l'exercice de l'autorité souveraine** » (*Lettre pastorale sur la vertu de force*, 9 février 1890).

Ce qui est sûr, c'est que la force est, en notre époque contemporaine marquée par le libéralisme, la plus nécessaire des vertus : « La vertu de force — disparue [en notre siècle] du vocabulaire des hommes politiques et des gens d'Église — est aujourd'hui la vertu par excellence, sans laquelle le retour à la santé intellectuelle, esthétique, morale, politique et religieuse de l'homme attaquée de toute part, est rigoureusement impossible » (Marcel De Corte, *op. cit.*).

Quand donc Mussolini définit la Tradition romaine en général, et le fascisme en particulier, comme une « idée de force », quand il exprime sa volonté de reviriliser le peuple italien, à une époque où la faiblesse gagnait déjà les individus — y compris les catholiques —, la société politique et l'Église elle-même, nous croyons qu'il est tout à fait en adéquation avec la philosophie thomiste et la véritable morale catholique.

★

« L'empire n'est pas seulement une expression territoriale, militaire ou marchande, mais spirituelle et morale. On peut concevoir un empire, c'est-à-dire une nation qui, directement ou indirectement, guide d'autres nations, sans que la conquête d'un kilomètre carré de territoire soit nécessaire. »

Le fascisme est colonialiste, oui. Mais pas au sens où la République française entendait la colonisation.

Pour le fascisme, la colonisation est la domination « spirituelle et morale » d'une culture objectivement supérieure — c'est-à-dire objectivement plus universelle, plus représentative de la nature humaine — sur des cultures inférieures ; elle a donc pour but d'élever les peuples colonisés, pour leur bien et pour le bien de l'humanité elle-même, et non celui de les exploiter.

Mais cela suppose, en effet, de considérer qu'il existe des cultures objectivement faites pour *dominer*, et d'autres faites pour *être dominées*, non pas (seulement) sur le plan matériel ou économique, mais sur le plan spirituel, intellectuel et moral ; cela suppose d'admettre qu'il existe une inégalité entre les cultures.

Et une telle vision des choses a pour principe un inégalitarisme foncier, c'est-à-dire la doctrine d'après laquelle il n'existe pas d'individus égaux, ni *a fortiori* de peuples égaux. Une doctrine qui est bien celle des Anciens, et en particulier celle d'Aristote et de saint Thomas :

« L'autorité et l'obéissance ne sont pas seulement choses nécessaires ; elles sont aussi choses bonnes. Quelques êtres, du moment même qu'ils naissent, sont destinés, les uns à obéir, les autres à commander, bien qu'avec des degrés et des nuances très diverses pour les uns et pour les autres » (*Politique*, I, 2. De l'esclavage) ;

« Si un homme est supérieur à un autre en science et en justice, il est choquant qu'il n'emploie pas cette supériorité au service des autres. En ce sens il est écrit : "Chacun de vous selon la grâce reçue, mettez-vous au service des autres" (1 Pierre, 4, 10) » (*Somme théologique*, I, 96, 4).

Ainsi les plus forts, les plus intelligents et les plus vertueux sont-ils appelés, par nature, à dominer sur les autres, pour leur bien. Pie XI lui-même le rappela : « Il est faux que tous les hommes aient les mêmes droits dans la société civile et qu'il n'existe aucune hiérarchie légitime » (*Divini Redemptoris*).

Et ce qui vaut à l'échelle individuelle vaut à l'échelle collective. Il est donc légitime que les nations les plus avancées spirituellement gouvernent en quelque sorte les autres nations — sans pour autant leur enlever leur souveraineté, puisque la Cité demeure « la communauté parfaite ».

★

« L'aspiration à l'empire, c'est-à-dire à l'expansion des nations, est une manifestation de vitalité : son contraire, l'esprit casanier, est un signe de décadence. Les peuples qui naissent ou ressuscitent sont impérialistes, les peuples qui meurent sont des renonciateurs. »

Puisqu'une culture est, pour ainsi dire, une individuation de la nature humaine à l'échelle politique, ainsi l'individuation de la nature humaine la plus universelle qui soit, il est naturel et légitime à une culture de se vouloir universelle, et, par conséquent, de vouloir s'universaliser lorsqu'elle en a les moyens.

C'est donc bien un signe de vitalité, pour une nation, que de chercher à exercer un certain magistère sur les autres nations.

★

Mussolini parle ensuite de « sévérité nécessaire contre ceux qui voudraient s'opposer à ce mouvement », à savoir le mouvement fasciste.

On a souvent reproché à l'État fasciste la violence exercée contre ses opposants.

Mais quand on comprend qu'il ne se proposait rien d'autre que de poursuivre le Bien commun, et que ceux qui s'opposent au Bien commun sont « pires que des bêtes » (saint Thomas), parce qu'ils s'opposent au plus grand bien de tous, on comprend qu'il existe une « violence ordonnée » (Mgr Gay) contre de telles gens.

Et c'est pourquoi l'État fasciste n'hésita pas à se montrer sévère envers ses ennemis, y compris envers les « chrétiens-démocrates », objectivement acquis à la cause révolutionnaire.

★

« Les peuples ont soif d'autorité, de direction, et d'ordre. »

Voilà qui, une fois de plus, s'accorde parfaitement avec une vision réaliste des choses. En effet, dans une société politique, la multitude est cause matérielle, l'ordre de cette multitude est cause formelle, l'autorité qui la gouverne est cause efficiente, et la direction ou le bien poursuivi par l'autorité est cause finale. Or, par nature, la matière désire la forme afin d'atteindre son bien ; mais cette forme ne peut s'acquérir que par un agent extérieur, en raison du fait que la matière ne peut s'informer elle-même. De sorte que, par nature, un peuple désire une autorité qui, pour le conduire à son bien, lui donne un ordre, c'est-à-dire une unité dans la pluralité.

« Il est aussi nécessaire qu'il y ait parmi les hommes un principe de direction de la multitude. En effet, les hommes étant nombreux, et chacun pourvoyant à son intérêt particulier, leur société perdrait son unité s'il n'y avait un principe pourvoyant au bien de cette multitude ; de même que le corps de l'homme ou d'un animal quelconque se dissoudrait, s'il n'y avait dans ce corps quelque force directrice commune tendant au bien commun de tous les membres. […] Toute multitude doit donc avoir un principe directeur » (saint Thomas, *De Regno*, I, 1).

Un principe de direction et d'unité du peuple que l'on nomme, précisément, l'autorité politique.

Le triptyque « autorité, direction, ordre » résume donc parfaitement la politique réaliste aussi bien que la politique fasciste.

★

Enfin, « la doctrine du fascisme a désormais, dans le monde entier, l'universalité qu'ont toutes les doctrines qui, en s'actualisant, représentent une époque dans l'histoire de l'esprit humain ».

C'est ainsi que Mussolini conclut sa *Doctrine du fascisme*.

Une conclusion que nous faisons volontiers nôtre dans la mesure où, d'après ce qui a été établi, il est clair que le fascisme est, pour notre époque contemporaine, l'incarnation de la doctrine politique de saint Thomas, et plus généralement de la politique réaliste.

Puissent les thomistes non fascistes le comprendre enfin.

BIBLIOGRAPHIE

- *Politiques*, Aristote.
- *La République*, Cicéron.
- *Politica*, saint Thomas d'Aquin.
- *De Regno*, saint Thomas d'Aquin.
- *Somme théologique*, saint Thomas d'Aquin.
- *Rerum novarum*, Léon XIII.
- *Quadragesimo anno*, Pie XI.
- *Conception catholique de la politique*, Julio Meinvielle.
- *De la primauté du Bien commun contre les personnalistes*, Charles De Koninck.
- *L'Humanisme politique de saint Thomas d'Aquin*, Louis Lachance.

- *La dottrina del fascismo*, di Giovanni Gentile e Benito Mussolini, Roma, Istituto della Enciclopedia Italiana, 1935-XIII.

- *Textos de doctrina política*, José Antonio Primo de Rivera.

TABLE DES MATIÈRES

Note :
Les paragraphes 1 et 2 d'origine du deuxième chapitre ont été volontairement omis par l'auteur, en raison de leur nature purement factuelle, et donc de l'impossibilité d'en faire un commentaire philosophique.

Novembre 2019
Reconquista Press
www.reconquistapress.com